우울한 게 아니라 화가 났을 뿐

내 감정을 직시하고 제대로 표현하기 위한 심리 수업

알무트 슈말레-리델 지음
이지혜 옮김

우울한 게 아니라
화가 났을 뿐

Not gloomy, Just angry

티라미수
THE BOOK

◇◇◇◇◇◇◇◇◇

많은 사람, 그중에서도 여성은 화내기보다는 슬퍼하는
쪽을 택한다. 화가 날 만한 상황에 맞닥뜨리면 불현듯
그런 감정이 스치기도 할 테지만 그때마다 실망과 고통,
슬픔 등을 재빨리 앞세우고 분노는 애써 떨쳐버린다.

◇◇◇◇◇◇◇◇◇

분노는 이롭다,
나에게도 너에게도

많은 여성이 화라는 감정을 두려워한다. 다른 사람이 내는 화는 물론이고 자기 자신의 화에 대해서도 마찬가지다. 스스로에게서나 타인에게서 화와 분노를 알아채고 체험하는 걸 거북해한다. 분노의 감정이 들면 수치스러워하거나 심지어 이를 경멸하기까지 한다. 어떤 여성은 아예 분노를 감지하지 못하거나 혹은 그러기를 스스로 원치 않으며, 이로 인해 신체적 후유증을 겪기도 한다. 그러면서도 그게 억눌린 분노의 결과라고는 생각지 못한다.

한편, 욱하거나 치 떨리는 분노를 이따금 혹은 매우 자주 민감하게 느끼는 여성도 있다. 다만 이들에게도 문제가 있는

데, 이 감정을 적절히 표현할 줄 모른다는 점이다. 그래서 보통은 화를 삼켜버리거나 애써 가라앉히려 드는데, 그러다 보면 화가 적절하지 못한 상황에서 지나치게 충동적이고 폭발적인 형태로 표출되기도 한다. 이럴 때 여성은 새침하다거나, 히스테리를 부린다거나, '자기가 드라마의 여주인공이라고 착각하는 모양'이라는 비아냥거림을 듣기 일쑤다. 그러니 여성이 분노라는 감정을 좋아하지 않게 된 것도 무리는 아니다. 어쨌든 화와 분노는 여러 가지 측면에서 '여자답지 못한 감정'으로 여겨지는 듯하다.

그러나 다행히도 '나는 내 분노를 귀중하게 여기며, 나를 위해 투쟁하고 나 자신과 내게 중요한 가치를 옹호하기 위해 분노가 필요하다'라고 말하는 여성도 있다. 이들은 인생에서 중요한 변화를 맞이하는 용기 또한 분노를 통해 얻었다고 이야기한다.

분노뿐 아니라 '작은 분노'라고 할 수 있는 화도 타인에게 선을 긋고 스스로를 보호하도록 우리를 돕는다. 화나 분노는 특히 우리에게 어떤 문제가 생겼거나 중요한 욕구가 외면당하거나 존중받지 못하는 순간에 이를 일깨워주는 신호 역할을 한다.

분노라는 주제를 다루기에 앞서 나는 먼저 내 개인적 자취를 탐색해보기로 했다. 나는 분노하는 여성, 분노할 능력이 있는 여성인가? 혹은 그런 여성이 되고자 하는가? 내 분노를 인지하고 그에 노련히 대처하는 데 어려움을 겪지는 않는가? 다른 수많은 여성처럼 분노를 부정해오지는 않았나? 그렇지는 않다. 내게는 분노를 탐색하는 과정이 더 이상 필요치 않다. 내 분노는 두려움이나 순응에 대한 압박감 때문에 은폐되고 있지 않다.

장담하건대 어떤 의미에서 나는 분노를 매우 좋아하기까지 한다. 화가 치밀거나 분노가 솟구치는 특정한 상황에 처하면 처음에는 마음이 편치 않고 불만스럽거나 실망하거나 상처받기도 하지만, 그럼에도 나는 분노가 좋다. 나를 생기롭게 만들고, 나 자신과 나의 가치관, 관점, 욕구를 옹호할 수 있는 에너지를 주는 귀한 존재이기 때문이다. 누군가가 다른 사람이나 우리가 공유하는 세상을 파괴적으로 대하는 것을 볼 때, 인간성이 짓밟히는 장면을 목격할 때 내 안에서 솟아오르는 분노 역시 사랑한다.

나는 어떻게 이처럼 분노에 긍정적인 마음가짐을 갖게 됐을까? 성장하면서 분노에 적절히 대처하는 자세를 배울 기회가 적었거나 전혀 없었던 적은 언제였나? 내 생애 첫 20년 동안 나는 과연 화와 분노의 감정을 알고 있었던가? 찬찬히 나를 되짚어본다.

나는 양어머니 슬하에서 손위 남매와 멋진 정원에서 뛰놀며 성장한 상냥하고 얌전한 소녀였다. 적어도 내가 기억하는 내 모습은 그렇다. 그렇지만 손위 남매를 영악하게 괴롭힌 기억이 뚜렷한 걸 보면 내적으로는 화와 분노를 분출시킬 준비가 돼 있었던 모양이다. 그런데도 가장 어리다는 이유로 나는 벌을 받지 않았고, 내가 이르기만 하면 언니와 오빠가 야단을 맞았다. 모두들 내가 상냥하고 착한 여자아이라고 생각한 것이 초등학교 3학년 때 내 짝이었던 남자아이에게는 끔찍하기 그지없었을 것이다. 나는 그 가엾은 동급생을 괴롭히고 때리기까지 했으며 힘이 셌던 덕분에(혹은 내 안에 그만큼 화가 응축돼 있었던 건지도 모른다) 그를 깔아뭉개는 것쯤은 일도 아니었다.

당시 치고받고 싸우는 일은 사실 남자아이나 하는 행동이었다. 나는 싸움에서 이기면 승리감에 도취되기도 했지만 이역시 어디까지나 은밀한 감정에 불과했다. 이것이 바로 남자아이들과 나의 가장 큰 차이점이었다. 싸움에서 이긴다 해도 승리감은 나의 내면에만 머물렀으며, 동시에 공격적인 행동을 했다는 수치심이 밀려왔다. 겨우 두 해 동안 같은 반이었는데도 거의 60년 가까이 지난 지금까지 그 동급생의 이름이 또렷하게 기억나는 걸 보면 이 모든 것이 내게 강한 인상을 남겼던 듯하다. 다른 곳으로 분출돼야 했을 내 분노의 일부를 그 동급생에게 퍼부었다고 생각하면 지금이라도 사과하고 싶은 마음이다.

분노는 동급생과는 조금도 상관없는 다른 뭔가에서 비롯됐지만 당시로서는 그걸 알 리 없었다. 초등학교 1학년 때 담임교사는 나를 걸핏하면 싸움질을 하는 호전적인 남학생 두 명 사이에 앉혔다. 상냥한 여학생이었던 내가 '사회부적응자 구역'이라고 불리던 지역 출신의 아이들에게 좋은 영향을 주리라고 기대했기 때문이다. 내 안에도 화가 응어리져 있었다는 사실을 교사는 물론 나 스스로도 알지 못했다.

그렇다면 화와 분노를 인지하고 그에 건설적으로 대처하는 법을 나는 어디에서, 어떻게 배웠던가? 누가 나에게 그것을 가르쳐줬나? 나를 낳아주신 친어머니는 젊은 나이에 세상을 떠난 탓에 제대로 알 기회가 없었다. 어머니는 분노할 줄 아는 사람이었을까? 그가 남긴 기록이나 편지에서는 대체로 실망과 슬픔, 고독감만이 묻어난다. 남편을 향한 불만은 드물게, 그나마도 차분하고 우회적으로 표현돼 있다. 내 양어머니는 결혼 당시 미혼에 나이가 다소 많은 편이었고 매우 심지가 굳은 가정학 교사였다. 엄격한 양육자였고 자녀의 지적·문화적 소양을 계발하는 데도 적극적이었다. 그는 강인하고 절제할 줄 아는 여성이었다. 양어머니에게서 나는 화와 분노보다는 도덕과 엄격함을 경험했다. 기억하기로 양어머니가 화내는 모습을 보인 적이라곤 오빠가 학생운동에 참여했을 때 뺨을 때린 일이 유일했다. 그 밖에 당시 유행하던 팝음악을 두고 '역겹다'고 표현한 적이 있는데, 아마 이는 은폐된 화와 거부감을 내보내기 위한 하나의 방편이었을 것이다.

내 아버지는 어땠는가? 아버지는 집에 있을 때가 드물었고 화를 조절하는 방식도 특별했다. 정치적 저항운동에 적극적이었지만 그 근거나 방식은 사무적인 편이었다. 그러면 개인적인 화와 분노에는 어떻게 대처하셨을까? 아버지에게서 그런 감정을 감지했던 기억은 전혀 없다. 다만 은신하듯 정원에 틀어박혀 채소밭을 돌보거나 열매 덤불 밑에 쪼그리고 앉아 잡초를 뽑는 일이 매우 잦았다는 것만은 또렷이 기억난다. 그런 행동이 대놓고 드러낼 수 없는 화에 대처하고 감정을 누그러뜨리는 아버지만의 방식이었음을 나는 많은 시간이 흐른 뒤에야 깨달았다.

가족 중에는 큰 소리로 노래를 부르거나 콧노래를 흥얼거리는 식으로 억눌린 화를 표출하는 이도 있었다. 여유로움을 가장해서 화를 덮어버리는 방법이다. 할머니들은 어떠했는가? 그들은 모두 분노할 줄 아는 여성이었는가? 사진 속 모습이나 전해 들은 이야기에서 그들은 엄격하고 슬픈 분위기를 자아낸다. 그렇다. 이 여성들은 화를 외부로 분출시키기보다는 속으로 삭이며 참을성 있게 고통을 감내하는 여성의 역할에 머물렀다.

내가 어째서 이런 이야기를 구구절절 늘어놓는 걸까? 당신도 이처럼 스스로의 분노에 대해 차근차근 탐구해보기를 바라기 때문이다. 자신의 가족이 화에 어떻게 대응했고, 지금껏 나는 어떤 식으로 화를 느끼고 표출했는지를 살펴보면 의외의 실마리를 찾을 수 있다.

나는 화 및 분노와 관련하여 새로운 길을 모색하는 여정에 당신을 초대하고자 한다. 어쩌면 당신은 나와 전혀 다른 가정환경, 정확히 말해 화와 분노가 직접적으로 표출되다 못해서도를 넘거나 위협적으로 폭발하기도 하는 가정에서 성장했을지도 모른다. 또한 자신은 무슨 일이 있어도 그처럼 큰소리를 치는 공격적인 어른은 되지 않겠다고 결심했을지도 모른다. 그렇다면 분노와 관련해 나오는 다른 종류의 문제를 겪고 있는 셈이다. 반면 운 좋은 어느 독자는 화와 분노가 삶의 한 요소로 적절히 자리매김해야 하며 갈등을 해결하는 데도 중요한 역할을 한다는 사실을 가정에서 배웠을 것이다.

나는 개개인의 분노가 지닌 다양한 양상을 살펴보고 그 의미를 파악하여, 각자가 이를 적절히 활용하는 방법을 깨치도록 당신을 이끌고자 한다. 흔히들 이런 감정을 꺼리지만, 분노는 스스로를 더 잘 이해하는 일뿐 아니라 자기 본질의 심연과 자신의 가치 및 욕구에 다가가는 데도 유익하게 작용한다. 그 이유를 한마디로 정리하자면 이렇다.

모든 화의 이면에는 충족되지 않은 욕구가 숨어 있다!

이를 깨닫고 이해한 뒤로 나는 화와 관련된 내 모든 감정을 진심으로 귀중히 여기고 받아들이게 됐다. 나 자신, 내게 중요한 이들과의 공존, 그리고 내가 살고자 하는 주변 세계를 위해 이를 활용하는 법도 배웠다. 이제부터 당신은 드러나거나 숨어 있는 화, 그리고 그와 관련된 감정을 발견하는 여정을 나와 함께할 것이다. 다만 이 여정의 목표지점이 분노 자체는 아니다. 화와 분노는 진정한 개인적 가치와 목표, 욕구를 더듬어 나아가도록 도와주는 명확한 길잡이일 뿐이다. 다시 말해 당신의 정체성, 당신만이 가진 특성으로 이끌어주는 나침반과도 같다. 나아가 자기 자신과 주변 사람, 너무나 불완전한 이 세계와 어우러져 사는 성취된 삶으로 향하는 관문이기도 하다.

분노에 접근하는 좋은 방식에 대해 이야기하고자 함이지 이런저런 비판을 하려는 것은 아니니 미리부터 걱정하지 말기 바란다. 여정이 끝날 무렵에는 오히려 바람직한 공존에 더 가까이 다가간 스스로를 발견할 수 있을 것이다.

여기서는 분노를 아예 인지하지 못하는 여성, 혹은 간접적이고 부적절한 방식으로 표출하는 여성이 몇 퍼센트인가 등의 통계수치는 제공하지 않는다. 대신 분노에 관한 여성들의 다양한 주관적 체험을 소개한다. 분노하거나 분노할 줄 모르는 여성의 전형적 사례에서 자신의 모습을 발견하고 재평가하는 독자가 있는가 하면, 나와는 다르다고 거리를 두는 독자도 있으리라 생각한다.

상담을 하며 만난 여성들은 분노라는 주제에 관해 각자의 경험과 생각을 자유롭게 들려줬는데 그중에서도 반복적으로 등장했던 사연과 일화를 골라 책에 수록했다. 익명성을 보장하기 위해 사례에 등장하는 모든 이름과 기타 정보를 변경했음을 알려둔다. 그러나 경험담의 핵심 내용은 모두 그대로다. 일부 사례를 보고 '이건 내 이야기다'라고 느끼는 사람도 있겠지만 이는 그저 해당 사례가 분노와 관련된 여성의 전형적인 경험인 탓이다.

분노하는 여성을 남성이 어떻게 겪는지, 혹은 분노를 억제하고 늘 상냥하고자 애쓰는 여성을 대하는 남성의 입장이 어떤지 관찰하는 일도 흥미로웠다. 이런 이유로 남성 독자에게도 이 책, 특히 '6장, 세상을 함께 살아갈 남성들에게'를 추천하는 바이다. 그로써 여성의 분노를 대하는 자신의 입장은 물론, 그것이 자신의 발전 및 상대방과의 관계에 어떤 작용을 하는지 돌아볼 수 있기를 바란다.

누가 뭐래도 당신의 분노는 가치 있다!

—

1장

사랑받기 위해
화를 포기해야 한다면

스스로를 옹호할 용기,

갈등에 맞설 용기,

화를 낼 용기는

타고나는 게 아니라 학습된다.

화를 낼까,
아름다워질까

폴란드에는 '화는 미녀를 해친다'라는 속담이 있다. 실제로도 이곳 여성들은 화를 내면 못생겨진다는 말을 어린 시절부터 자주 들었다고 이야기한다. "화내는 네 얼굴이 얼마나 못나 보이는지 가서 거울 좀 봐라!" 혹은 "그러고 있으면 머리에 뿔 난다!"라는 식이다. 자, 이쯤이면 당신은 둘 중 하나만을 선택해야 하는 것 같다. 화를 내겠는가, 아름다워지겠는가? 물론 아름답고 싶지 않은 여성은 없을 것이다. 그렇다면 아름다움을 위해 화와 분노를 포기해야만 하나? 아무래도 둘 다 가질 수는 없는 모양이니 말이다.

이 두 요소가 조화될 수 없다는 관념 뒤에는 어떤 여성상이 숨어 있을까? 우선 여기에는 분노하는 여성을 강하게 비하하려는 저의가 깔려 있다. 양육자가 항상 의식하고 그러는 건 아니라 해도 여자아이를 양육할 때는 앞서 말한 것 같은 언어적 표현이 교묘하게 활용된다. 이러한 경향은 오늘날에도 마찬가지라, 자녀가 있는 여성과 대화를 하다 보면 이들이 딸보다는 아들의 분노를 좀 더 쉽게 수용한다는 사실이 드러난다. "사내아이들은 자라서 자기 의견을 관철시킬 줄 알아야 하니 당연히 화를 낼 줄도 알아야죠. 물론 무턱대고 덤벼들지 않도록 분노와 공격성을 조절하는 법은 배워야겠지만요. 하지만 딸아이가 화내는 건 그냥 두고 보지 못하겠어요." 실제로도 나는 이런 말을 주위에서 자주 듣는다. 화를 잘 내는 여자아이보다는 다루기 쉬운 얌전한 여자아이가 '건강한 아이'로 여겨진다. 화를 잘 내는 여자아이는 흔히 '까다로운 아이'로 불린다. 이렇듯 구시대적인 사회화의 잔재는 여전히 건재하다.

쉽게 화내는 아이를 어떻게 다뤄야 하는지 알려주는 수많은 자녀 양육서는 하나같이 분노가 중요하기는 하되, 난폭한 행동이 아니라 언어로 이를 표현하는 법을 배워야 한다고 강조한다. 일리 있는 말이다. 그런데 이런 목표를 이루기 위해 이들이 제시하는 놀이와 훈련을 보면 남자아이가 사회적으로 적절히 분노를 표출할 수 있도록 돕는 방법이 주를 이룬다. 여자아이가 분노를 다른 방식으로 해소한다는 점은 상대적으로 적게 다뤄진다. 여자아이는 흔히 접촉을 피하는 등 간접적인 방식으로 분노를 표출한다. 그저 시선을 피하고 마는 게 전부일 때도 있다. 때로 화나게 만든 아이를 배제하고 험담을 늘어놓거나 상대 아이가 감정적으로 상처를 입으리라 생각되는 소심한 욕을 내뱉기도 한다.

화와 분노라는 감정 자체는 남성적이지도 여성적이지도 않다. 그러나 이런 감정이 '어떻게 체험되고 허용되고 표출되는가'에서는 성별에 따른 차이가 드러난다. 이때는 성역할과 관련되어 이 감정이 문화적으로 어떻게 평가되는지가 매우 중요한데, 이러한 성역할은 주로 양육 초기부터 주입된다. 남성은 대개 분노를 공격적인 행동으로 옮기는 경향이 있어서 언성을 높이거나 물건을 던지거나 때로는 드잡이를 벌이기도 한다. 이들에게는 분노를 참고 그 원인을 모색하는 일, 다시 말해 지금 자신에게 상처를 입히거나 실망을 불러일으키는 것이 뭔지 되짚어보기가 어렵게만 느껴진다. 분노를 억누를 때는 실망감을 의식할 수밖에 없는데, 남성에게는 이것이 '나약함'으로 간주되기 때문인지도 모른다. 나약함은 통상적인 남성상에 들어맞지 않는다. 여성도 남성 못지않게 화내거나 분노할 수 있지만 물리적 싸움까지 벌이는 경우는 드물다.[1]

언론인 요헨 메츠거Jochen Metzger는 《현대심리학Psychologie heute》에 기고한 글에서[2] 여성이 모두 상냥하고 온화한 본성을 타고나는 건 아니며 남성과 마찬가지로 분노할 수 있다고 강조한다. 그는 분노와 관련된 통상적인 여성상에 대한 반증을 들고자 했는데, 안타깝게도 독일 중세의 영웅 서사시 〈니벨룽겐의 노래Niebelungenlied〉를 들먹이며 다음과 같이 말하는 우를 범했다. "이 서사시는 근본적인 질문을 던진다. 한 인간의 생에서 마주칠 수 있는 가장 위험한 것은 무엇인가? 불을 내뿜는 용 따위가 아니다. 용을 물리치는 금발의 전사도 아니다. 다름 아닌 진정으로 분노하는 여성이다."[3] 이것이 반어적인 표현이라고 가정해도(혹은 바로 그렇기 때문에), 여성을 보는 남성의 시선은 이 글귀에 어떻게 나타나 있는가? 이 글귀가 과연 무엇에 어떤 도움이 되는가? 오히려 화내는 여성에 대한 부정적 인식만 부각했을 뿐이다.

옛 세대 여성에게는 분노와 화의 표출이 대체로 금기시됐다. 그에 굽히지 않고 언성을 높이고 흥분하고 화를 내는 여성은 여자답지 못하다거나 히스테릭하다는 낙인이 찍혔다. 잘해봐야 '자기주장이 강한 여자'라는 소리를 듣는 데서 그쳤다. 남성을 가리켜 이런 표현을 쓰는 걸 들어본 적이 있는가? '평화주의적인 여성'[4]을 마치 당연하다는 듯 이상적인 여성상으로 간주하는 것은 잘못이다. 여성이라고 해서 평화주의적인 유전자를 타고나지는 않는다.

물론 통계상으로 보면 여성의 폭력적인 행동이 남성에 비해 현저히 드물기는 하다. 그러나 프라우케 콜러Frauke Kohler는 공격성과 폭력, 여성성의 관계에 관한 심리분석 논문에서 여성 및 여아의 분노가 흔히 강조되는 것처럼 주로 내부를 향해 분출되는 게 아니라 얼마든지 외부로도 표출될 수 있다고 명시한다.[5] 여성들 스스로는 분노와 공격성을 남성의 전유물로 여기지 않는다.

착한 소녀와 나쁜 소녀에 대한 오래된 이야기는 여전히 우리 주변을 떠돈다. 착한 소녀 혹은 나쁜 소녀란 무엇인가? 1994년에 처음 출간된 우테 에어하르트Ute Ehrhardt의 《나쁜 여자가 성공한다》[6]가 대성공을 거둔 건 놀라운 일이 아니다. 수많은 여성이 이 책을 읽은 뒤, 언제나 상냥하고 친절할 필요는 없으며 자기 입장을 관철해도 된다는 용기를 얻었다. 한편 언론인 바샤 미카Bascha Mika는 2011년에 출간된 《비겁한 여성들Die Feigheit der Frauen》에서 오늘날까지도 다수 여성이 원치 않게 일부 고전적인 여성의 역할모델을 답습하고 있는 게 현실이라고 지적했다.[7] 그는 여성에게 갈등을 꺼리는 경향이 두드러진다고 전제하고 직업과 가족, 가사, 여가시간에서의 남녀 역할행동에 관한 수많은 학술연구로 이를 뒷받침한다. 바샤 미카에 따르면 소녀 훈련 캠프에서는 '자기 입장을 관철하고 갈등에 능동적으로 대처하고자 하는 의지가 여전히 상위 열 가지 훈련목표에 들지 못하고'[8] 있다.

오늘날에는 사회 광범위한 분야에서 남녀평등을 추구하는 게 상식으로 여겨지고 있지만, 완전한 평등을 이야기하기까지는 아직 갈 길이 먼 상황이다. 최근 확산되고 있는 미투#MeToo 운동이 절대적으로 필요한 이유는 여성이 거의 예외 없이 의존적인 역할에 머무는 영역과, 남성에게 저항하고 선을 긋는 일이 아예 허용되지 않거나 미진하게 받아들여지는 구조가 여전히 수많은 분야에 남아 있기 때문이다. 여성운동과 페미니즘을 통해 많은 점이 개선됐는데도 여성은 여전히 여러 상황에서 남성에 비해 많은 것을 감내해야 한다.

예컨대 성적 침해도 그중 하나다. 타인에게 분명히 거부 의사를 밝히고 스스로를 방어하는 데 분노를 이용하는 여성은 아직도 자주 미덥지 못한 사람으로 여겨지며, 나쁜 뜻으로 그런 일을 저지른 것도 아닌데 호들갑 떨지 말라는 핀잔을 듣기 일쑤다. 여성이 행동거지나 옷차림으로 성희롱 또는 점잖지 못한 언행의 목표물이 되기를 자초했다는 비난도 여전히 세상을 돌아다닌다. 직업의 영역에서도 '아니오'라고 말하고 반발하면 불이익을 당할까 봐 두려워하는 여성이 많다. 부부 관계 등 사적인 관계에서도 마찬가지다. 많은 여성이 거절 의사를 보이면 거부당하고 애정을 상실할지 모른다는 두려움을 품는다.

이전에 비해 여성이 누리게 된 온갖 진보와 자유에도 불구하고 21세기에 들어선 지 오래인 오늘날까지도 '전형적인 여성성'이라든지 '전형적인 남성성' 따위의 상투적인 관념은 여전히 (혹은 다시금) 살아 있다. 일상을 점령한 광고도 이에 일조한다. 바비 인형, 공주, 분홍색 조랑말, 주방놀이는 여아를 위한 소비품목으로, 자동차, 괴물, 과학상자 등은 남아를 위한 소비품목으로 여겨진다. 젠더마케팅의 성공으로 상점의 계산대는 바쁘게 돌아간다. 작가 알무트 슈네링Almut Schnerring 과 사샤 페를란Sascha Verlan은 이를 일컬어 '분홍색과 하늘색의 덫'9이라는 표현을 썼다.

성역할에 대한 관념을 조기에 형성하는 건 비단 의복이나 장난감만이 아니다. 예쁜 여아, 씩씩한 남아라는 표현이 아이의 생각과 감정에 어떤 영향을 미칠 것 같은가? 사회화가 뭔지 모르는 아이에게는 아직 성찰할 능력이 없다. 그러나 이러한 여성상, 남성상은 아이의 관념에 깊이 뿌리를 내린다. 초등학교에 갓 입학한 여학생들이 참여하는 자기방어 훈련을 참관하면 뱃속 깊숙이에서 끌어낸 크고 우렁찬 목소리로 고함치는 걸 어려워하는 여학생이 번번이 너무 많이 눈에 띈다. 대부분의 남학생은 이를 훨씬 쉽게 느낀다.

2017일 9월 20일자 〈쥐드도이체 차이퉁Süddeutsche Zeitung〉에 실린 어느 기사는 '성역할의 저주받은 위력'이라는 제목 아래 전 세계 문화권을 아우르는 한 연구결과를 소개했다.10 세계 어느 곳에서든 남아와 여아는 특정한 역할을 하는 데 익숙해지며, 성찰능력을 갖추고 이를 비판적으로 바라볼 수 있는 연령에 이르기도 전에 이미 성역할이 내면화된다는 것

이다. 유치원에 들어갈 무렵에는 남아와 여아 모두에게 이미 성역할의 큰 부분이 학습된 상태다.[11]

나-그리고-화

- 어린 시절 어른들은 화를 내는 여자아이를 보면서 어떤 말을 했는 가?

- 화를 내는 남자아이에 관해서는 어른들이 무슨 말을 했는가?

- 당시 아이였던 나 자신은 분노를 어떻게 생각했는가?

- 나는 내 분노를 은밀히 표출했는가?

- 분노와 화에 대해 처벌을 받았는가? 만약 그렇다면 어떤 처벌이 었는가?

우리가 화와 분노를
배우는 법

아이들, 특히 여자아이는 분노와 화를 조절하는 법을 어떻게 배울까? 앞서 말한 것처럼 사회적인 통념이 중요한 역할을 하지만 가장 큰 영향을 미치는 건 아무래도 부모다. 교육학자이자 가족치료사인 예스퍼 율Jesper Juul [12]은 다음의 단순한 사례를 들어 부모가 아이의 화에 반응하는 다섯 가지 모델을 설명한다.

> 만 2, 3세가량의 어린 여자아이가 불만에 차서 잔뜩 화를 내며 주먹으로 엄마를 마구 때리고 "엄마 나빠! 나빠!"라고 소리치는 장면을 상상해보라.

[반응 1] 감정을 거울처럼 비춰주기

엄마는 상냥한 표정으로 아이를 바라보며 이렇게 말한다. "아이고, 저런. 화가 많이 났네! 뭐가 너를 그렇게 화나게 만들었니?"[13] 이런 반응을 마주한 아이는 짜증 난 자기 모습을 엄마가 봐주고 받아들여준다는 느낌을 받는다. 나아가 자기 기분에 대한 엄마의 관심도 알아챈다. 한마디로 화를 내도 된다고 허용해주는 반응이다. 엄마가 아이의 감정을 거울처럼 비춰주고 감정에 이름을 붙여주면 아이는 자기 내면에서 벌어지는 현상을 가리키는 단어를 배운다. 아이가 짜증을 내거나 분노할 때 이를 적절히 투영해주면, 애착대상과 관계가 유지되는 한 아이는 이 감정을 충실하게 인지할 수 있다.

[반응 2] 짜증에 짜증으로 반응하기

엄마는 아이에게 짜증스러운 눈빛을 보내고 억지로 떼어내며 "그렇게 엄마 때리지 마! 그리고 앞으로는 엄마한테 그런 식으로 말하면 안 돼!"[14]라고 나무란다. 여기서 엄마는 무엇이 아이를 그토록 분노하게 만들었는지 조금도 관심을 보이지 않는다. 알고는 있지만 내색하지 않는 것일 수도 있는데, 이로써 아이는 자기 감정을 이해받지 못한다고 느낀다.

엄마의 이해를 구하기 위해 더욱더 떼를 쓸지도 모른다. 그러나 얼마 못 가 포기할 가능성이 더 크다. 이렇게 여자아이는 규칙에 순응하는 법을 배운다. 엄마는 이런 반응을 보임으로써 자기 자신을 보호하고 아이가 넘지 말아야 할 자기만의 기준선을 정한다. 어찌 됐든 규칙을 지켜야 한다는 점만은 확실하게 가르치는 셈이다. '분노하면 미움을 살 것이냐'가 바로 그 규칙이다.

[반응 3] 투영하고 훈계하기

앞선 두 가지 반응이 혼합된 양상이다. 엄마는 아이를 품에 안고 진정되기를 기다린다. 그러고는 이렇게 말한다. "화를 내는 건 괜찮아. 하지만 서로 때리거나 욕을 하면 안 되는 거야, 알겠니? 엄마는 너를 사랑하지만, 네가 엄마를 때리면 아프잖아. 그러면 안 되겠지?"[15] 엄마는 아이의 짜증 난 감정을 올바르게 투영하되, 투영한 것을 평화와 사랑에 관한 훈계로 이어간다. 게다가 그것을 직접적이고 개인적인 관계의 차원에서 설명하기보다는 일반적으로 서술하는 데 그치고 만다. 아이는 엄마와 접촉하면서 제대로 이해받지 못한다고 느끼고 스스로를 이해하지도 못한다. 이때 아이는 단 한 가지를 분명히 감지하는데, 바로 짜증 내는 일은 좋지 않으며 상호간의 애정을 해친다는 사실이다. 사랑과 짜증을 동시에 품는 건 불가능하다는 듯 말이다. 결국 아이는 둘 중 한 가지를 선택할 수밖에 없다.

[반응 4] 죄책감 유발하기

엄마는 슬픈 표정으로 아이에게 말한다. "네가 엄마를 나쁜 사람이라고 부르니 정말 슬퍼. 나는 나쁜 엄마가 아니라 세상에서 제일 좋은 엄마가 되고 싶어!"[16] 엄마는 눈곱만큼도 아이 입장에서 생각하지 않을뿐더러 아이의 짜증에도 전혀 이해심을 보이지 않는다. 그보다 더 큰 문제는 아이에게 죄책감을 유발하고 "네가 그러면 내가 슬프다"라는 말로 자신의 슬픔에 대한 책임을 떠넘긴다는 점이다. 아이들은 엄마가 슬퍼하는 걸 원치 않는다. 스스로 엄마의 슬픔에 대한 유죄판결을 받는 것은 더더욱. 그러니 때때로 아이들이 자신의 감정과 인지를 포기하는 건 당연한 귀결이다. 어린아이는 아직 이러한 인과관계를 이성적으로 파악할 수 없지만 감정 차원에서는 충분히 인지할 수 있다. 그리하여 자신이 짜증을 내면 타인의 기분이 상하고, 그를 슬프게 만든 책임이 자신에게 있다는 것을 학습하게 된다.

[반응 5] 짜증, 도덕적 경고, 관계 단절로 반응하기

엄마는 아이를 흔들며 무서운 표정으로 말한다. "엄마한테 두 번 다시 그런 식으로 말했다간 봐라! 너는 정말 나쁜 아이야. 엄마한테 사과할 마음이 생길 때까지 방에 가서 꼼짝 말고 있어! 어서 가!"[17] 아이는 상대방이 자신의 분노를 원치 않으며 화내는 아이는 나쁜 아이라는 것을 분명히 감지한다. 다른 곳으로 쫓겨나고, 사과를 해야만 엄마에게 되돌아갈 수 있다. 엄마의 사랑을 되찾으려면 자신이 보잘것없고 결점 투성이인 존재라는 걸 인정해야 한다. 이 어린아이는 자신의 짜증에 어떤 느낌을 품게 될까? 스스로 이 감정을 금지하고 숨기게 되지 않을까? 혹은 견딜 수 없어서 분노를 계속 폭발시키지는 않을까?

[반응 6] 그릇된 투영

율이 제시한 다섯 가지 반응에 '그릇된 투영'이라는 한 가지를 보탤 수 있다. 엄마는 이때 아이에게 이렇게 말한다. "아유, 그렇게 짜증이 나?! 엄마가 보기에는 그냥 신경이 날카롭고 좀 피곤한 것 같은데? 어서 쉬어. 내일이 되면 모든 게 다시 괜찮아질 거야." 이 역시 적절치 못한 형태의 투영이다. 아이는 짜증 난 자기 모습을 엄마가 이해해주지 않는다고 느낀다. 그리고 자신이 느끼는 분노를 방금 경험한 좌절이 아니라 피로와 연관 짓게 된다. 결과적으로 아이는 짜증 난 감정과 그 감정이 비롯된 상황 및 자신의 욕구를 연결하는 데 어려움을 겪고 만다.

사실 어릴 때는 누구나 화를 느끼고 자연스럽게 표출한다. 발달심리학적으로도 이는 확실한 사실이다. 아이들이 화를 어떻게 드러내는지 잠시 살펴보자.

돌 이전의 아기는 음식, 온기, 휴식, 자극, 애정과 다정함 등 기본욕구가 충족되지 않으면 불쾌감과 불편함을 느낀다. 화의 한 형태인 불쾌감과 흥분은 특히 손과 다리 근육이 긴장되는 등의 신체증상으로 나타난다. 아기들은 이럴 때 팔다리를 버둥거리고 얼굴이 빨개지며 울음을 터뜨린다.

만 2세 정도가 되면 훨씬 더 직접적이고 다른 사람도 금방 알아챌 수 있는 방식으로 화를 표출한다. 고함을 치고, 버둥거리는 정도를 넘어 발을 동동거리며 물건을 집어던지기도 한다. 만 3세 유아에게서는 더욱 뚜렷한 반응이 나타난다. 분노를 그야말로 제대로 발휘하는 것이다. 고집스럽게 발을 쿵쿵 구르고 잡히는 대로 물건을 던지는 건 예사고, 바닥에 벌렁 드러눕고 바닥이나 벽에 머리를 짓찧기도 하면서 아이다운 분노와 반항심을 한껏 분출한다. 이 나이쯤 되면 화를 분명한 언어로 표현할 수도 있다. "안 해!", "싫어!"라고 외치는 행위는 자아를 의식하며 확인하고자 하는 시도다.

만 3세에서 6세 사이의 아동은 신체적 표현 외에 여러 가지 욕설을 내뱉기도 하는데, 그 수위가 매우 높을 때도 있다. 그러나 그저 주워들은 대로 말해보는 것일 뿐 실제로 그 의미를 이해하고 있는 건 아니다. 이 시기 아동에게 중요한 것은 욕설의 실제 의미가 아니다. 욕설하기는 타인에게 영향력을 발휘할 수 있는 도구를 시험해보는 과정일 뿐이다.

그러나 만 7세부터는 이전과는 다른 방식으로 화를 표현해야 한다. 고함치거나 반항하거나 욕설을 하는 식이 아니라 왜 화가 났는지를 말로 설명할 수 있어야 한다. 이제 유아적으로 즉각 터뜨리는 화를 극복해야 하는 것이다. 자신의 욕구를 인지하고 표출하는 법을 가장 먼저 배워야 하지만, 그와 동시에 모든 욕구가 언제나 즉각 충족될 수는 없다는 사실도 배워야 한다. 실망감을 극복하는 법을 배워야 한다는 의미다. 이때부터는 본보기가 중요하다. 부모는 화를 어떻게 표출하는가? 단순한 말로 표현하는가, 아니면 물건을 집어던지면서 고함을 치는가? 혹은 어떤 식으로도 화를 드러내지 않고 삼켜버리는가? 아이는 화를 내는 방법뿐 아니라, 화는 감추는 편이 좋으며 가장 좋은 방법은 아예 인지조차 하지 않는 것이라는 관념도 보고 배운다.

화를 인지하고(또는 인지하지 않고) 표출하는 방식은 무엇보다도 유년기에 이를 어떻게 학습했는지에 따라 달라진다. 부모가 인정하거나 몸소 실천해 보인 분노 표출방식은 아이에게 강력한 영향을 미친다. 이로써 누군가는 금세 언성을 높이면서 충동적으로 행동하는가 하면, 또 다른 어떤 이는 침묵하거나 그 자리를 피해버리는 패턴을 형성한다. 스스로를 통제하고 오랫동안 평정을 유지하다가 꽉 막힌 에너지를 견디지 못하고 한순간 '폭발'해버리는 이들도 있다.

나-그리고-화

- 앞서 서술된 방식 중 나는 어떤 식으로 화에 반응하는가?

- 내 부모는 나의 화에 어떻게 반응했는가?

- 오늘날 성인으로서 나는 어떤 반응을 경험하는가? 그런 반응을 마주쳤을 때 내 기분은 어떠한가?

- 나는 변화를 갈망하는가?

싸워봐야

득 될 것 없다고?

남자아이에게는 비교적 분노 표출이 너그럽게 허용된다. 남자아이의 분노는 강인함과 의지 관철능력을 갖췄다는 표시로 여겨지기 때문이다. 도를 넘지만 않으면 된다. 반면 여자아이는 분노를 표출하는 방법이 아니라 갈등을 피하기 위한 전략을 어머니에게서 보고 배운다.

대부분의 여성은 모친과 조모로부터 "싸워봐야 득 될 것 없다"라든지 "그러지 말고 이성적으로 대화하자꾸나" 같은 말을 들으며 성장한다. 여기서 '이성적'이란 대체 무엇을 의미하는 걸까? 다툼의 대안이 이성적인 대화뿐인가? 그렇다면 다툼은 비이성적이라는 뜻인데? 이러한 등식은 오로지 평화를 바라는 강한 욕구를 통해서만 이해할 수 있다. 평화가 모든 것 위에 존재하는 최상위 목표라면 모든 다툼은 일시적으로든 영구적으로든 평화를 바라는 마음에 방해가 된다. 다툼은 두려움을 야기하고, 다툼 뒤에 다시 평화가 찾아올지 어떨지 우리를 불안하게 만들기 때문이다.

외교술의 옷을 입은 이 태도의 밑바탕에는 순응하고 양보하는 자세가 깔려 있다. 스스로를 옹호할 용기, 갈등에 맞설 용기, 화를 낼 용기는 타고나는 게 아니라 학습된다. 그런데 용기는 여성에게서 선호되는 특성이 아니다. 사회화 과정에서 용기는 여자아이보다는 남자아이가 갖춰야 할 덕목으로 장려되며 여자아이는 용감하기보다는 사려 깊게 행동하도록 양육된다. 여자아이들은 동성끼리 모인 자리에서는 남자아이 못지않은 용기를 발휘하면서도 이성과 접촉할 때는 대담성이 다소 줄어들 때가 많다. 학습된 전형적 행동방식, 정확히 말하자면 그들 스스로 소녀답다고 여기는 행동방식으로 되돌아가는 것이다. '물지 않으면 물릴 일도 없다.'[18] 그러나 항상 착하게만 구는 일은 아이를 보호해주지 못한다.

다원적인 현대사회에는 온갖 자유가 다 존재하는 것처럼 보인다. 여성에게도 대부분의 문이 열려 있는 듯 보이지만,

눈에는 잘 안 보이는 유리장막도 여전히 남아 있다. 여자아이와 여성이 이러이러하게 행동해야 한다는 기대는 미디어와 광고, 사회적·문화적 환경을 통해 미묘하게 전달된다. 앞서 언급한 '분홍색과 하늘색의 덫'을 떠올려보라. 분홍색은 '귀엽고, 상냥하고, 부드러우며, 보호를 필요로 하고 천진난만한'[19] 것을 의미한다. 이는 순응하는 여성, 상냥한 여성이라는 여성성의 도식과 잘 맞아떨어진다.

그러면 분노와 공격성은 어떤가? 이런 요소는 이 도식에 들어맞지 않는다. 부모가 개방적이어서 전형적인 여성성으로 여겨지는 차분하고 고분고분한 행동방식을 딸에게 굳이 강요하지 않고, 스스로 본보기를 보이고, 더불어 다른 여자아이와 비교하지 않는다 해도 마찬가지다. 여성들은 가정 이외의 장소에서도 분노와 화를 대하는 방법을 강렬하게 배운다. 가장 친한 친구, 유치원이나 학교의 다른 여자아이들에게 무시할 수 없는 영향을 받는다. 여자아이들은 무리에 들어가기 위해 다른 여자아이들과 똑같아지고자 한다. 여자아이들은 강하고 능력 있는 존재가 되는 것, 경쟁을 벌이고 힘의 우위를 가리는 것보다 다른 사람에게 사랑받는 것을 중요하게 여길 때가 많다. 그러려면 적잖은 순응이 필요하다. 순응이 곧

사랑받는 길인 것이다. 그래서 경쟁과 다툼은 간접적으로만 드러난다.

다시 한 번 강조하건대 여성은 결코 남성에 비해 화를 덜 내고 분노하지 않는 게 아니다. 남성과는 다른 방식으로 화를 내고 표출할 뿐이다. 적잖은 수의 여성은 소란스럽게 자신을 드러내는 대신 불평하는 방법을 찾아낸다. 이런 '들볶기'는 특히 불만을 터뜨릴 때 사용된다. 하지만 이 같은 소심한 부담 덜기 전략은 여성에게 별다른 소득을 가져다주지 못한다. 불평과 논쟁은 다르기 때문이다. 갈등을 해결하고자 할 때는 화를 건설적으로 사용하는 논쟁이 반드시 필요하다.[20]

성숙하게 화를 표현하려면

성숙한 성인이 아니라 '유아적 자아(아이자아)'가 활성화되기라도 한 것처럼 아이 같은 방식으로 화를 표출하는 사람을 흔히 볼 수 있다('아이자아'는 자아의 여러 상태 중 하나인데 이에 관해서는 5장에서 다룬다). 이들은 네다섯 살 먹은 아이처럼 언성을 높이고 고함을 치며 큰 소리로 욕설을 늘어놓고, 발을 구르고 물건을 던지는 등의 행동방식을 보인다. 속으로만 불만을 품으며 불특정한 대상을 향해 중얼중얼 욕설을 내

여자아이들은 다른 사람에게 사랑받기 위해
화를 내기보다 순응을 택하곤 한다.

뱉는 사람도 있다. 청소나 정리정돈을 하거나 담배를 피우거나 음식을 먹거나 조깅을 하는 등 짐짓 쾌활한 태도를 취하는 사람도 있는데 이는 주의를 다른 곳으로 돌리기 위한 행동이다. 또 어떤 사람은 자리를 피하거나 조용해지거나 한마디 말도 하지 않는 등 내적인 저항에 돌입하기도 한다.

화는 반항의 형태로 드러나기도 하는데, 성인의 반항에는 항상 소아적인 측면이 깃들어 있다. 남편의 주말 취미활동을 못마땅하게 여기는 여성을 예로 들어보자. 남편은 늘 등산을 가려고 한다. 그런데 아내는 부부생활에서 이미 지나치게 많은 것을 남편이 결정하고 있다고 느낀다. 그래서 어떻게든 다른 활동을 제안하려 기를 쓴다. 어쨌거나 등산은 고려 대상에서 제외다. 하지만 아내가 등산을 싫어하는 건 아니다. 남편이 출장을 가 있는 동안에는 아내도 친구와 등산을 가기 때문이다. 즉, 이 사례의 여성은 욕구 충족 및 그 욕구를 대하는 책임 있는 자세보다 '선 긋기'를 중요하게 여기는 셈이다. 반항의 목적은 뭔가를 변화시키는 것이 아니라 그저 상대방과 자신을 구분하고 자신의 바람과 입장을 고집하는 데 있다. 자신의 의미와 중요성, 나아가 자신이 남과 다르다는 것을 확인받고자 하는 것이다.

고함, 욕설, 딴청, 내적인 저항, 반항 등 유아적 표출에서 벗어나 성숙하게 분노를 표현하려면 무엇이 필요할까? 세 가지 전제조건이 필요하다. 첫째, 어머니가 분노를 건전한 방식으로 표출해서 딸에게 좋은 본보기를 보여줬다면 아이는 이미 자기 분노에 적절히 대처할 수 있는 중요한 전제조건을 갖춘 셈이다.

더불어 아이가 성장하고 어머니로부터 분리되는 과정에서 어머니를 향해 분노를 표출할 수 있다면 이는 두 사람 사이에 충분한 수용과 애착, 애정이 형성돼 있다는 의미며, 이는 두 번째 긍정적 전제조건이기도 하다.

세 번째 전제조건은 아이가 아버지와의 관계에서도 화를 표출하고 둘 사이의 갈등을 건설적으로 풀어나가는 법을 배우는 것이다. 만약 아버지의 분노를 위협적인 것으로 경험한다면 아이는 스스로를 보호해야 힐 상황에 놓이고 자신의 분노 표출도 피할 수밖에 없다.

심리치료사 베레나 카스트Verena Kast[21]는 양친과의 긍정적인 애착만큼이나 그들로부터의 긍정적인 분리 또한 남녀 모두의 건전한 발전에 필수적인 요소임을 상세히 설명한 바 있다. 어머니, 아버지와 한 발 떨어져서 상황을 객관적으로 바라보면서 '화를 내도 괜찮다'는 것을 배운 한 여성의 이야기를 들어보자. 이 여성은 어머니의 분노 폭발에 관해 자랑스러운 투로 이렇게 이야기했다.

제 어머니는 사실 아주 인내심 있고 검소한 분이었답니다. 외가에서 아버지와 함께 살며 세 자녀를 키우셨지요. 이머니는 마을의 노인들을 돌보며 가욋돈을 벌었어요. 아버지는 한나절 동안 이웃 도시의 공사장에서 일하고 나머지 시간에는 젖소를 돌보고 밭일을 하셨고요. 그런데 안타깝게도 술을 너무 많이 마셔서 어머니와 불화를 겪었어요. 아버지는 시내에 머물다가 아주 늦게 귀가할 때도 많았는데, 그럴 때면 어머니가 아버지를 심하게 비난했지요. 노인들을 방문하려면 두 분이 함께 쓰던 자동차가 필요했거든요.

그래도 어머니는 더 큰 소동이 일어나는 걸 피하기 위해 빨리 평정을 되찾으려고 늘 애쓰셨답니다. 기도도 하신 것 같아요. 커피 한 잔을 들고 부엌 의자에 앉아 벽에 걸린 십자가를 물끄러미 바라보셨거든요. 십자가는 조부모님의 유품이었지요. 그 뒤에는 대개 조용히 일어나서 하던 일을 계속하셨어요.

한번은 어머니가 그야말로 폭발한 모습을 본 적이 있는데, 그게 제게는 커다란 충격이었어요. 제가 열한 살 때였는데, 그날 오후 경찰이 찾아와서는 아버지가 사고를 내는 바람에 자동차가 완파됐다고 전해주더군요. 아버지는 별다른 부상을 입지 않았지만 만약에 대비해 병원으로 옮겨졌고, 그 밖에 다친 사람은 없었어요. 저는 어머니가 분노로 부들부들 몸을 떠는 걸 봤어요. 경찰이 가고 난 뒤 어머니는 주방으로 가서는 십자가 아래쪽 벽에 컵 하나를 내던지고는 분노에 찬 목소리로 쥐어짜듯 말했어요. '주여, 어째서 제게 저런 놈팡이를 보내주신 겁니까!' 저는 충격에 사로잡혀 재빨리 제 방으로 피했어요. 그 장면을 떠올릴 때면 (실제로도 자주 떠올린답니다) 어머니를 향한 외경심에 사로잡히곤 해요. 아버지뿐 아니라 '불공평한 신'을 향한 분노도 매우 유익했다고 생각해요. 이 일은 몇 번이고 제게 분개해도 된다는 용기를 심어줍니다. 하느님도 분명 이해하실 거예요. 제 어머니의 분노를 말이지요.[22]

그 밖에도 성숙하게 분노를 표현하려면, 나의 욕구를 충족하기 위해 화내는 일이 의미 있을 때는 언제고, 차분히 행동하면서 상황을 관망하는 편이 나을 때는 언제인지 저울질할 필요도 있다. 이는 이마엽이라고 불리는 전두엽이 담당하는데, 이런 평가능력은 유전적으로 그냥 주어지는 게 아니라 사회적 환경과 상호작용을 통해 발달한다. 화를 인지하고 표출하는 스스로의 방식이 적절치 못하다고 생각한다면 얼마든지 바꿀 수 있는 여지도 있는 것이다. 성장하는 동안 신체적·정신적 폭력을 많이 경험했다면 전두엽의 기능이 제한될 수도 있지만, 정상적인 상태라면 뇌의 수많은 영역은 경험에 의해 충분히 변화할 수 있다. 이런 뇌의 특징을 '신경가소성'[23]이라고 부른다. 이제껏 화와 어떤 관계를 맺어왔든 앞으로 우리는 더 건설적인 방향으로 나아갈 수 있다.

나-그리고-화

- 화가 나거나 분노가 치밀 때 나는 전형적으로 어떤 행동방식을 취하는가?

- 나는 분노를 신체적으로 얼마나 강하게 감지하는가? 또한 이를 다시금 신체적으로 표출하는가?

- 이때 스스로가 얼마나 완고하다고 느끼는가?

- 나는 분노에 사로잡혀 발을 구르거나 손으로 탁자를 내려치기도 하는가?

- 분노 때문에 벽에 물건을 집어던지기도 하는가?

- 욕설을 내뱉기도 하는가? 언어 사용이 눈에 띄게 달라지며 비속어를 쓰는 일이 자주 있는가?

상냥해야 사랑받는다는
잘못된 믿음

분노에 대처하는 여성의 방식을 이해하려면 먼저 그 배경에 깔려 있는 인식부터 파악해야 한다. 분노에 어떻게 대처하는가는 아동기의 경험을 바탕으로 학습된 특정한 사고방식, 즉 현실 검토를 한 번도 거치지 않은 사고방식에 큰 영향을 받을 때가 많다. 심리학에서는 이를 '신념체계'라고 부르는데, 내가 몸담고 있는 심리치료 학파인 교류분석Transactional Analysis, TA에서는 '인생각본'이라는 개념을 사용하기도 한다. 교류분석은 인간성 심리학Humanistic psychology 분야의 심리이론으로, 1950~70년대에 미국 정신과의사 에릭 번Eric Berne이 고안했는데 지금은 전 세계로 확산돼 눈부신 발전을 이루고 있다.[24]

'나는 화내는 내 모습이 싫어', '화내는 사람은 나쁜 사람이야'라는 사고방식은 분노와 관련된 전형적인 소아적 고정관념의 예라고 할 수 있다. 아이들은 이 중에서도 후자를 견디기 어려워하기 때문에 언젠가부터 화를 더 이상 표현하지 않기로 결심한다. 그로써 아이들은 특히 타인에게 거부당할 가능성으로부터 스스로를 보호하고자 한다. 이와 관련된 신념체계로는 '나는 화를 내서는 안 돼'를 들 수 있는데, 그 이유는 '사람은 항상 타인에게 이해심을 발휘해야' 하며, '친절보다 좋은 것은 없기' 때문이다. 우리 자신과 타인, 인생 전반에 관한 신념체계는 확신의 총체적 패턴을 형성하고, 우리는 이를 통해 세계와 스스로를 이해한다.

앞서도 언급했듯 고정관념은 어린 시절부터 형성되며 이때는 부모의 역할이 중요하다. 아이들은 부모를 비롯한 애착 대상의 애정에 의존하기 때문에 가족에게 스스로를 맞추기 위해 애쓴다. 가족에게 사랑받고 소속되기 위해 가정을 지배하는 태도 및 규칙을 그대로 받아들이는 것이다. 부모가 언어로 분명히 전달하는 메시지뿐 아니라 비언어적이고 간접적인 메시지까지 (때로는 특별한 강도로) 수용한다. 부모로부터 '다툼은 나쁜 것'이며 '동생을 때리면 너는 나쁜 여자아이'라는 메시지를 전달받은 아이는 이러한 기본관념을 절대적인 규칙으로 받아들인다. 내가 상담한 수많은 여성은 어린 시절에 분노를 드러냈을 때 다음과 같은 말을 들었다고 증언했다.

"그런 짓을 하면 안 돼."
"정신 차려라."
"상냥하게 굴어야지."
"화내는 아이는 나쁜 아이야."
"창피한 줄 알아."
"정말 못돼먹은 아이로구나."
"그러고 있으니 꼭 도깨비 같구나."
"넌 정말 다혈질이구나."
"당장 방에 들어가서 반성하고 있어. 화 다 풀리면 나와."
"내가 무슨 죄를 지어서 저런 계집애를 낳았나."
"도대체 내가 뭘 어쨌다고 그렇게 성질을 부리는 거니?"
"네가 화내고 고함칠 때마다 머리가 지끈지끈 아프다."
"하늘은 네가 못된 생각을 하는 것까지 다 알아. 명심해!"
"화내서 득 될 건 아무것도 없어!"
"사랑과 화는 어울리지 않아."

"화는 사랑을 죽게 만들어!"
"약해빠진 사람이나 화를 내는 거야."
"품위 있게 굴어야지."

어린 시절에 분노를 표출했다는 이유로 벌을 받은 사람이 그토록 많다는 사실은 번번이 나를 충격에 빠뜨린다. 꾸중은 기본이고 매를 맞거나 감금당한 사람도 있다. 화를 냈다는 이유만으로 놀림과 비웃음을 받았거나 화내는 모습이 참 귀엽다는 비아냥거림을 당한 여성도 수없이 많다. 이러한 방법은 흔히 처벌보다 효과적이다. 바로 이때 분노 표출이 수치심 및 죄책감으로 이어지고, 자신의 분노에 대해 이런 감정을 느낀 아이는 다음에는 같은 경험을 반복하지 않기 위해 내면으로 도피한다. 물론 그런다고 분노가 사그라지는 건 아니다.

생각해보자. 상냥하고 친절하기만 한 여자아이가 건강한 아이일까? 상냥한 아이가 되는 게 여자아이의 성장과 발달에 과연 유익할까? 어쩌다 분노를 폭발시키고 나면 후련해하면서도 한편으로 양심의 가책을 느끼는 여성이 얼마나 많은가? 큰 소리로 고함을 치거나 화를 내며 접시를 바닥에 내

던진 뒤 자신의 행동을 부끄러워하는 여성은 또 얼마나 많은가?

남자아이를 양육하면서는 사정이 다르다. 남자아이의 분노는 '남성성'의 형성 과정에서 나타나는 정상적인 특징으로 받아들여진다. 물론 분노를 마구잡이로 분출하는 것은 대개 남자아이에게도 허용되지 않는다. 이들도 분노가 좋지 못한 감정이며 충돌을 피하려면 되도록 분노를 억제해야 한다는 메시지를 마찬가지로 많이 듣는다. 그러나 어린 소년이 분노 발작을 일으킬 때는 여자아이들의 경우와 달리 "조금 있으면 진정될 거야", "어이구, 천생 사내아이로구먼", "저 애가 워낙 고집이 세거든요"라는 식의 말을 듣는다.

성인이 된 뒤에 분노에 슬기롭게 대처할 수 있는지 여부는 아동기의 분노가 부모에게 수용됐는지, 그리고 분노를 건설적인 방식으로 표출하는 법을 부모가 아이에게 가르쳐줬는지에 달려 있다. 그러나 많은 사람이 어린 시절 분노를 폭발시켰을 때 부모가 접촉 단절, 다시 말해 몇 시간 심지어 며칠씩 아이와 대화를 나누지 않는 식으로 대응했다고 이야기한다. 이는 일종의 애정 단절로, 아동에게는 극도로 위협적으로 느껴진다. '화를 내면 그 자리에 머무는 것이 허락되지 않는다'라는 의미로 받아들이는 것이다. 그래서 대부분의 경우 아이는 아무리 심적인 고통을 받아도 두 번 다시 분노를 표출하지 않기로 결심한다. 대신 인형에 대고 화풀이를 할 수도 있다. 실제로 이런 상황에 처한 여자아이는 종종 인형의 머리칼을 잘라내기도 한다. 형제나 반려동물에게 화풀이를 하는 경우도 아주 흔하다.

교류분석가 파니타 잉글리시Fanita English는 이와 관련해 '영리한 생존전략'이라는 표현을 썼는데, 매우 적절한 표현이다.[25] 여기서는 육체적 생존은 물론이거니와 정신적 생존이 특히 중요하다. 부모의 인정을 필요로 하는 아이에게는 '나는 얼마나 사랑받는 존재인가?'가 커다란 화두다. 부모가 분노를 달가워하지 않고 심지어 처벌을 내린다면 당연히 부모 앞에서는 분노하는 모습을 보이지 않으려 노력하게 된다. 대신 분노를 해소할 다른 배출구를 모색한다. 어떤 아이는 분노뿐 아니라 슬픔, 두려움, 무력감 등 어떤 감정도 느끼지 않는 편이 낫다고 판단하고 이를 생존전략으로 삼기도 한다. 이러한 방어 메커니즘은 한 개인의 성장 과정에서 그를 경직된 인간으로 만들고 인간관계를 맺는 감정능력을 크게 제한할 수도 있다.

한편 부모나 형제 중 한 명이 중병을 앓거나 장애가 있는 가정에서 자란 아이는 흔히 다른 사람이 자신에게 특히 큰 배려심을 기대한다고 여긴다. 아이가 배려를 배우는 건 물론 좋은 일이지만, 이처럼 특수한 상황에서는 아이가 자신의 욕구를 지나치게 억제해서 스트레스를 받을 때가 많다. 이는 삶의 에너지와 자연스러운 자기확장 충동이 저해되는 결과를 불러올 수 있다.

아이는 '나는 건강한 것만으로도 충분히 잘 사는 거야. 그러니 그 이상을 바라서는 안 돼' 또는 '나는 그리 중요하지 않아'라는 신념체계를 형성한다. "봐라, 넌 네 여동생보다 훨씬 잘 지내잖니"라든지 "아픈 동생을 그렇게 때리면 안 돼!" 등의 말을 반복적으로 듣는 아이는 욕구를 채우고 화를 분출시킬 방법을 집 밖에서 찾을 수밖에 없다. 이런 가능성마저 막혀 있다면, 상황에 따라 아이의 머릿속에 '내가 비록 중요한 존재는 아니지만 항상 상냥하게 굴고 남들의 비위를 맞춰주면 나도 충분히 사랑받을 수 있어'라는 믿음이 형성될지도 모른다. 이는 화와 분노에 대한 건전한 접근방식에 치명적인 손상을 입힌다. 이런 아이는 성인이 된 뒤에도 자신의 욕구를 대변하면서 화를 거의 활용하지 못한다.

사람들은 공격성을 두려워한다. 화와 분노와 폭력으로 가득한 세상을 보면 그럴 만도 하다는 생각이 든다. 어떤 이들은 아예 '공격성은 폭력을 부르고 폭력은 결국 전쟁으로 이어진다'는 지극히 근시안적인 논리에서 '우리는 전쟁을 원치 않는다. 따라서 폭력도 원치 않으며, 결과적으로 공격성도 원치 않는다'라는 결론을 도출하곤 한다. 그러나 폭력과 전쟁이 존재하는 사실적 맥락에서 본다면 공격성뿐 아니라 예를 들어 권력이나 이익 같은 전혀 다른 요소도 여기에 영향을 미친다. 예스퍼 율은 오히려 양육 과정에서의 '공격성 금지'[26]를 경계한다.

신경생물학자 요아힘 바우어Joachim Bauer는 공격성의 원동력이 인간에게 내재돼 있으며 외부로 분출함으로써 공격성 욕구를 충족하고자 한다는 가설을 반박한다. 그리고 공격성을 생물학적 원인에 뿌리를 둔, '잠재적 위험 상황을 극복하기 위한 반응 행동 프로그램'[27]으로 이해한다. 다시 말해 우리는 물리적·심리적 고통에 반응하기 위한 방책으로 공격성을 갖추고 있다. 수용과 애정, 소속에 대한 기본적인 욕구가 위협을 받을 때 인간은 두려움을 느끼고 공격성으로 반응한다. 그러나 기존의 경험 때문에 두려워서 공격성을 허용하지 않으면 물러서는 쪽을 택하고 우울증에 시달리며, 상황에 따라서는 자기 파괴적인 행동을 보일 수도 있다. 이런 현상은 특히 외부적 권력·종속 관계가 존재할 때 두드러지는데, 이럴 때 특히 소속되고 인정받지 못할지도 모른다는 두려움이 더 강하기 때문이다.

결국 공격성을 터부시할 게 아니라 인정하고 긍정적으로 활용할 방법을 생각해봐야 한다.

공격성을 긍정적으로 활용하려면

'공격성aggression'이라는 표현은 분노와 화가 외부로 표출되고 공격적·적대적인 행동으로 이어질 때 흔히 쓰인다. 이 개념은 대개 부정적으로 사용되지만, 어원을 살펴보면 본래 그 의미는 중립적이다. 라틴어 '아그레디aggredi'는 '공격'을 의미하기는 하되, 그저 '누군가 혹은 뭔가를 향하다'라는 뜻으로도 쓰였다. 그래서 게슈탈트 요법Gestalt therapy[28]에서는 공격성을 개인적 욕구가 충족되는 방향으로 환경을 변화시키는 데 필요한 긍정적인 힘과 에너지로 간주한다. 독일어에서는 공격을 의미하는 '안그리프Angriff'라는 단어가 '어떤 일에 착수하다etwas in Angriff nehmen'라는 관용구에 사용되기도 한다. 어떤 일에 착수한다고 해서 반드시 적대적인 동기가 작용하는 것은 아니다.

요약하면 공격성은 다음과 같이 세분화해볼 수 있다.

- **관철공격성**: 이 공격성의 목적은 에너지와 힘을 이용해 자신의 바람이나 욕구를 관철하는 데 있다.
- **방어공격성**: 스스로를 보호하는 자신만의 경계선을 정하기 위한 저항력을 가리킨다. 이 형태의 공격성에서는 타인에게 가해질 고통 또는 피해까지 고려된다.
- **공격공격성**: 상대방에게 상처를 주거나 심지어 파괴할 목적으로 행하는 능동적인 공격이다. 이 공격성은 우연히 생겨나는 게 아니라 보통은 억눌린 공격성에서 비롯된다. 다시 말해 다른 상황에서 즉각 표출되지 못했던 실망과 상처가 아무 관련이 없거나 유사한 상황에서 배출구를 찾는 경우다. 다른 사람이 볼 때 이 공격성은 마치 마른하늘에 날벼락과도 같다. 당사자가 어째서 지금 이 자리에서 갑작스럽게 분노를 폭발시키는 건지 아무도 이해할 수 없기 때문이다.

말하자면 분노와 공격성은 개개인의 '고통의 한계지점'[29]

에서 보호장치 역할을 한다. 공격성은 때로는 공공연하게, 때로는 은밀하게 표출되는데 공공연하게 표출되는 공격성은 곧 물리적 폭력을 의미한다. 여기에는 상대방에게 직접적인 해를 가하는 경우뿐 아니라 고함치고 욕설을 하거나 저급한 말을 내뱉는 등 상처를 주는 언어공격과 기물훼손도 포함된다. 은밀한 공격은 회피, 접촉 서부와 단절, 외도된 무심함, 무시를 비롯해 다양한 형태로 나타난다. 대화를 피하는 방법 등으로 애정이 차단되는 게 얼마나 고통스러운지는 많은 사람이 직접 겪어봤을 것이다.

물리적 또는 언어적 행동으로 드러나는 공격성에는 화, 분노, 분개, 증오 등의 감정이 동반된다. 특히 자극한계선이 낮을 때, 다시 말해 당사자가 외부적 자극에 매우 빠르고 민감하게 반응할 때 공격성은 순간적이고 폭발적으로 나타나며 흔히 부적절한 양상을 띠기도 한다. 다만 공격적인 행동에 감정이 항상 동반되는 건 아니다. 상대방에 대한 공감이 완전히 배제된 '차가운 분노'로 공격성이 표현될 수도 있다. 그중에서도 해묵은 분노를 먹고 자란 차가운 분노는 타산적이고 교활하며 상대방에 대한 배려라고는 찾아볼 수가 없다.

공격성이 발현되는 과정을 한번 살펴보자. 분노를 촉발하는 자극제가 인지되면 뇌에서는 감정조절을 담당하는 림프계가 활성화된다. 그러나 화와 공격성을 겉으로 드러내는 행동을 하기 이전에 공격적 충동은 (특히 그 행동에서 비롯될 수 있는 결과와 관련하여) 순간적이라고 할 만큼 빠른 속도로 전두엽에서 검토되고 누그러지기도 한다.

인간은 사회적 동물이기 때문에 소속되고 수용되는 감정을 필요로 한다. 특히 우리 조상들에게는 애착과 수용, 소속이 생존에 절대적이었다. "이런 요소가 위협을 받을 때 인간의 뇌에 있는 경고체계는 반응을 일으킨다. 그 직접적인 결과물로 나타나는 것이 두려움과 공격성이다."[30] 다만 경고체계가 발동되는 속도는 사람마다 천차만별이다. 기본적인 신뢰가 덜 형성돼 있는 사람에서는 경고체계가 더 빨리 작동한다. 화와 그 결과물인 공격성은 위협과 실망감을 미리 방지하는 역할을 한다. 그러나 그러려면 우선 공격성 신호가 전달돼야 한다.

공격성은 고통과 상처로부터 스스로를 보호하고 자신의 욕구를 관철하고자 하는 시도이다. 우리는 화와 분노, 공격성을 인지하고 허용하되 이를 적절한 방식으로 사용할 수 있어야 한다. 그래야 자신의 감정을 부정하거나 은폐하는 도돌이

표에 빠지지 않을 수 있다.

나-그리고-화

- 나는 분노 및 화와 관련해 어머니와 어떤 경험을 했는가?

- 나는 친가와 외가의 조모에게서 분노와 화를 어떻게 인지했는가?

- 나는 분노 및 화와 관련해 아버지와 어떤 경험을 했는가?

- 내 어머니와 아버지는 분노와 화에 관해 어떤 인식을 지니고 있었는가?

- 사춘기에 나는 분노와 화를 어떻게 체험했는가?

- 현재 분노에 관한 내 인식은 어머니 또는 아버지의 것과 유사한가?

- 현재 나는 분노에 직면해 내 부모님과 유사한 태도를 취하는가?

- 내 분노를 확실히 보여주기 위해 상대방을 악의적으로 대하려고 애쓰는가?

- 어느 선까지 냉소적이고 비꼬는 투가 되는가?

- 혹은 사무적인 태도로 평정을 유지하는가?

- 분노에 사로잡히고 분개한 상태에서도 논쟁을 벌일 수 있는가, 아니면 아무 말도 떠오르지 않는가?

2장

나는 내가
화난 줄도 모르고

분노는 매우 중요한 감정이고,
우리는 '모든 것'을 느낄 자격이 있다.

정서적 만능접착제

'나도 내 감정을 잘 모르겠어.'

다수의 여성(일부 남성도 마찬가지다)은 화를 받아들이는 일은 물론이고 인지하는 데만도 커다란 어려움을 겪는다. 이들은 또한 다른 사람의 분노와 화도 꺼린다. 타인이 분노를 폭발시키면서 정신적·신체적 폭력의 위험성을 보일 때는 특히 더 위협적으로 느낀다. 이런 상황에서는 누구나 상처받지 않기 위해서 스스로를 보호하려 들 것이다. 그런데 어떤 이들은 지나치게 미리부터 경계태세를 취하며 방패 뒤로 숨거나, 실제적인 위험이 존재하는지 제대로 확인도 하지 않은 채 상대방에게 반격을 가하기도 한다. 화에 대한 두려움 때문에 지나치게 민감해져서 지극히 정상적이고 일상적인 화조차 감당하지 못하게 되는 것이다.

타인의 화에 대한 두려움은 알고 보면 스스로 화를 내거나 분노하게 될 것에 대한 두려움일 때가 많다. 분노가 어마어마한 위력을 발휘할 수 있는 까닭에, 어떤 이들은 자신이 통제불능 상태에 빠져 뒤늦게 후회할 행동이나 말을 하게 되지는 않을까 두려워한다. "나는 지금 화가 났다고요"나 "정말 짜증나는 일이야"라고 말하는 걸 극도로 어려워하는 사람은 알고 보면 위에 말한 이유 때문에 분노를 느끼지 못하거나 느끼고 싶어 하지 않는다. 그래서 명확한 표현 대신 "조금 혼란스러운데요" 따위의 불분명하고 모호한 표현을 쓴다. 베레나 카스트는 이런 표현방식을 '정서적 만능접착제'라고 부른다.[31] 불명확한 표현은 어떤 감정이 진정으로 체험되지 못하도록 방해한다. 나아가 당사자로 하여금 해당 감정의 의미를 이해하지 못하게 만들기도 한다.

38세의 바버라는 사람들이 흔히 이야기하는 '강한 여성'의 전형이다. 제약회사 영업직에 종사하는 그는 출장을 자주 다닌다. 대학에서 생물학과 화학을 전공한 뒤 제약과 관련된 추가 교육도 수없이 받으며 기반을 다졌다. 그의 연인인 랄프는 소규모 IT회사의 팀장이다. 두 사람은 되도록 여가시간을 함께 보내려 노력하지만, 바버라가 외근을 나갈 때면 예정보다 늦게 귀가하는 일이 많아 번번이 계획이 무산되고 만다. 랄프가 이 때문에 화를 내는 일도 잦아졌다. 이 문제로 다투고 싶지 않았던 바버라는 그저 그가 이해해주기를 바랄 뿐이다. 물론 연인의 마음을 이해 못 하는 건 아니다. 그의 마음을 풀어주기 위해 특별한 음식을 준비하고 그가 가장 좋아하는 걸 손수 요리하기도 한다. 심지어 랄프가 가장 좋아하는 '스포츠 쇼'를 시청할 때면, 자신은 스포츠에 전혀 관심이 없으면서도 곁에 앉아 함께 텔레비전을 본다. 그리고 고객인 의사들을 만나려면 그들이 시간을 내줄 때까지 인내심 있게 기다리는 수밖에 없다는 걸 납득시키려고 끊임없이 애쓴다.

바버라는 넘쳐나는 환자를 상대하느라 바쁜 의사들에게 자신과의 면담이 큰 부담이라는 사실을 잘 알고 있다. 그래서 대기실에서 기다려야 할 때면 다른 일정을 계획하거나 보고서를 작성하거나 차분히 호흡을 가다듬으며 명상하는 일로 시간을 채우려 노력한다. 명상은 마음을 가라앉히고 여유를 갖는 데 도움이 된다. 평소에도 그는 여유와 평정을 매우 중요하게 여긴다. 주기적으로 요가도 하러 간다. 한 고객을 만나고 다른 고객을 만나러 먼 길을 운전해서 갈 때면 차 안에서 노래를 부른다. 밝은 기분을 유지하기 위해 그저 콧노래를 흥얼거릴 때도 있다.

바버라는 주위 사람들에게서 친절하고 밝다는 칭찬을 자주 받는데 스스로도 이 점을 뿌듯하게 여긴다. 사람들은 늘 그에게 타고난 성격이 쾌활하다고 이야기한다. 랄프는 바버라가 어떻게 그런 직업에 종사하면서 항상 쾌활함을 유지할 수 있는지 이해하지 못한다. 그리고 자신에게는 그런 종류의 업무가 짜증스럽기만 하며 의사들의 태도나 끝도 없는 대기시간에 신경이 날카로워질 거라고 이야기한다. 그래서 연인의 인내심에 항상 경탄하는 동시에 미심쩍은 시선을 보내기도 한다. 바버라가 과연 깊은 감정을 느낄 수 있기나 한지 의심하는 것이다.

바버라는 화가 난 적이 없다. 삶의 어떤 상황에도 차분하게 대처할 수 있을뿐더러, 눈앞의 상황이 어떻게 해서 일어났고 현재 상태가 어떤지도 항상 파악하고 있다. 화는 거북하고 불필요한 감정이라고 여기기 때문에 화를 내고 싶은 마음도 없다. 그래서 타인에게 항상 이해심을 발휘하고, 누군가 자신을 화나게 만들어도 너그럽게 용서한다. 사람들이 나쁜 의도로 그런 행동을 하는 건 아니라고 생각하며 스스로를 달랜다. 때로 난관이나 갈등에 부딪치면 자신이 뭔가 실수를 저지르거나 부주의하지는 않았는지 되돌아본다.

바버라가 어떤 일에도 아랑곳하지 않는 게 랄프에게는 놀라울 따름이다. '참으로 강한 여성'이라고 말하며 감탄할 때도 있다. 하지만 바버라가 정말 강한 걸까? 화내는 게 두려워서 애써 이 감정을 떨쳐버리는 건 아닌가? 바버라 자신도 이따금 뭔가 짜증 스럽게 느껴진다는 점은 인정하지만, 그렇다고 화를 낼 것까지 는 없다고 생각한다. 그러나 뭔가를 변화시키고 싶은 상황에서 도 자기 의지를 관철할 수 없다는 사실에 마음이 불편하기는 하 다. 주먹으로 탁자를 쾅 내려치며 "전 그렇게 할 수 없어요!"라고 말하는 건 그에게 상상조차 할 수 없는 행동이다. 그런 행동이 도 움이 될 때도 있다는 걸 알지만 늘 뭐든 이해하고 넘어가려 한다. 그렇게 하느라 자신의 욕구는 충분히 고려하지 않고 있다는 생 각이 고개를 들면 애써 떨쳐버린다.

가끔 그는 고객이나 연인과 다투고 상대방에게 고함치는 꿈을 꾼다. 그러고 나면 온몸이 땀에 젖은 채 잠에서 깨어 죄책감을 품 는다. 그는 마셜 B. 로젠버그Marshall B. Rosenberg의 '비폭력대화 법'에 관한 강좌에 등록했다. 친절한 대화법을 사용하되 공정한 방식으로 자신의 욕구 또한 관철하는 법을 배우기 위해서였다. 공정한 방식으로 다투는 법을 배우기 위해 함께 강좌에 참여하 자고 랄프에게 제안했지만 이미 바버라의 '무한 친절'에 진저리가 나 있던 그는 단호히 거절했다. 그러잖아도 마냥 친절을 베푸는 바버라 때문에 자신이 항상 악역만 맡는다고 느끼던 차였다. 언제나 너그럽기만 한 연인을 보면 부아가 치밀어 거칠게 흔들어주고 싶을 지경이다. 바버라는 바버라대로 랄프가 어째서 늘 자신과 다투려고만 드는지 이해할 수 없었다. 그야말로 딜레마에 빠진 상황이다. 어쨌거나 두 사람은 사랑하는 사이 이닌가.

예스퍼 율은 '친절함과 올바름의 폭력'에 관해 이야기한 바 있다.[32] 항상 친절하고 긍정적이며 너그러워야 한다는 도덕적 결의 뒤에는 공격성이 도사리고 있을 가능성이 크다. 선한 언어적 표현을 사용해가면서 노련하고도 객관적으로 논쟁을 펼칠 때는 특히 더 그렇다. 그런데 상대방에게는 이런 친절이 오히려 진실성 없고 차가우며 그다지 인간적이지 않게 느껴질 수 있다. 랄프가 바버라에게 느끼는 것처럼 말이다.

이런 상태가 오래 이어지면 감정의 종류도 적어지고 강도도 약해진다. 한마디로 감정적 빈곤 상태에 빠지는 것이다. 이 같은 사람에게서는 감정의 경직, 다시 말해 한 가지 감정이 아무런 변화 없이 오랫동안 지속되는 현상이 관찰되기도 한다. 감정적 변조능력이 결핍되면 감정의 다양한 뉘앙스나 세분화된 단계를 체험하는 능력이 거의, 혹은 아예 없어진다. 이런 무감각은 우울증 증상 중 하나인데, 화는 물론이고 강한 분노를 감지하는 능력의 결핍과 더불어 나타난다. 우울증을 겪는 사람들은 기껏해야 자기 자신이나 (혼자만의 억측에 지나지 않는) 자신의 모자람에 분노를 느낄 따름이다.

남아 및 남성과 달리 여성은 공격성을 밖으로 표출하기보다는 분노의 방향을 자기 자신에게로 돌리는 일이 잦다. 자기비하, 자해, 우울증 성향도 두드러진다.[33] 이런 의미에서 나는 남성뿐 아니라 여성에 의해서도 가정폭력 등이 발생한다는 사실을 인지하는 게 중요하다고 본다. 다만 은밀하고 간접적인 언어폭력의 형태를 띨 때가 많을 뿐이다.[34] 다시 한번 말하지만 여성이라고 해서 타고난 평화주의자는 아니다.

우리는 화라는 감정을 불편하게 느끼며, 화와 분노 역시 반드시 인지해야 하는 필수 감정임을 배우지 못한 탓에 자주 이를 거부한다. 많은 사람이 자신이 화를 내면 타인에게 상처를 주거나 기분을 상하게 만든다고 여기고 거북해한다. 화를 내서 다른 이들의 마음을 해치면 죄책감을 느끼기도 한다. 분위기를 망치고 평화를 깨뜨리는 사람으로 몰릴까 봐 두려워한다. 그러나 그 뒤에 가장 깊숙이 숨은 두려움은 따로 있다. 바로 화난 감정을 표출하면 사랑받지도 소속되지도 못할 거라는 두려움이다.

어떤 사람은 타인 때문에 마음의 상처와 실망을 경험했으면서도 분노를 느끼지 못하고(혹은 느끼고자 하지 않고), 심지어 상처 준 사람을 변호하려 들기도 한다. 이는 명백히 스스로의 가치를 떨어뜨리는 행동이다. 다시 말해 자신의 상처와 욕구를 그다지 중요하게 여기지 않는 것이다. 그러나 부정한다 해서 분노가 사라지는 것은 아니다. 화를 영구적으로 외면하거나 떨쳐버리는 건 불가능하다. 화는 감정 기복, 업무, 성생활, 꿈, 신체적 증상 등 다른 출구를 통해 언젠가 어떻게든 분출되기 마련이다.

일부 여성은 상냥하고 선한 여인의 모습을 한 자아상에 분노가 어울리지 않는다고 여기기 때문에 화내기를 두려워한다. 보다 정확하게 표현하자면 화내는 모습이 스스로 만들어낸 이상적인 자아상과 맞지 않는 것이다. 화와 분노를 금기시하는 여성은 자기 내면에 이런 감정이 싹트거나 심지어 들끓는 걸 느끼면 거북해한다. 이들은 화난 감정을 '악한 것'으로 오해한다. 상담 일을 하며 나는 이런 자기 오해에 빠져 있는 여성을 자주 만난다.

자비네[35]는 화목함을 향한 갈망 때문에 화라는 감정에 대한 접근로가 차단된 상태였다. 지난 생애를 되짚어보는 과정에서 그는 오랫동안 잊고 있던 경험을 떠올렸다. 어린 소녀였던 시절 화가 나서 날뛴 적이 있는데, 이때 어머니는 자비네를 거울 앞에 세워두고 말했다. "자세히 한번 봐라. 계속해서 그렇게 날뛰다가는 곧 이마에 뿔이 솟아날 테니까."[36] 어린 소녀는 당연히 커다란 충격을 받고는 자기 내면에 악마가 살고 있는 건 아닐까 생각했다. 아이다운 논리로 정말 그럴 것이라고 믿게 된 자비네는 이따금 두려워하는 바가 실현됐는지 확인하기 위해 거울 앞에 서곤 했다.

자비네는 어떤 경험을 했는가? 물론 뿔이 날 거라는 어머니의 말에 악의가 담겨 있지는 않았을 것이다. 그럼에도 자비네는 엄마가 자신의 화난 감정을 싫어한다는 걸 감지했다. 나아가 화내는 아이는 나쁜 아이라고 믿게 됐다. 나쁜 아이를 좋아할 사람은 없지 않은가. 어린 소녀였던 당시에 '내가 화났다는 걸 누구도 눈치 채서는 안 돼. 그랬다가는 모두들 내가 나쁜 아이(심지어 악마)라는 사실을 알아차릴 거야. 그러니 앞으로는 화난 모습을 들키지 않거나 아예 화를 내지 않는 편이 좋겠어'라고 결심하게 된 것도 그 때문이었다. '나는 악하다. 그러나 아무도 이 사실을 눈치 채서는 안 된다'라는 인생각본은 흔히 스스로 화를 인지하지 못하거나 화라는 감정 자체를 용납하지 않으려 드는 사람에게서 관찰된다.

스스로의 감정을 의심하지 말 것

여성은 자신의 감정조차 확신하지 못하고 이런 질문을 수도 없이 던진다. '내가 지금 화가 난 건가, 아니면 분노하고 있나, 더 나아가 분개한 상태인가? 그도 아니면 그저 기분이 좋지 않고 짜증이 난 정도인가?' 자기 감정을 선명하게 깨닫기란 의외로 쉽지가 않다. 여기서 잠시 이 복잡다단한 감정의 개념에 대해 잠시 언급하고 넘어가고자 한다.

화는 대개 이른바 분노나 분개의 '약한 형태'로 여겨진다. 많은 여성이 이렇게 말한다. "물론 화가 날 때도 가끔 있어요. 자주 있다고 해도 되겠군요. 하지만 분노나 분개라고요? 그런 감정은 들지 않아요."

자신의 화를 제대로
알아차리고 표현하지 못하면
우울증 증상 중 하나인
무감각에 빠지기 쉽다.

화, 분노, 분개는 서로 관련돼 있는 인간의 기본감정이다. 이는 외부 경험에 대한 반응인 동시에 내면의 경험과 사고에 대한 반응이기도 하다. 사람들은 대개 분노와 화를 다른 감정으로 체험하고 이해하지만 화에서 분노로 넘어가는 전환점이 어디인지는 대체로 모호하다. 차이점이 있다면 분노라는 감정은 내면 깊숙한 곳에서부터 솟아나며 사고와 감각을 일시적으로 완전히 지배하기도 한다는 것이다.

화는 딱히 아무런 이유도 없는데 짜증이 솟구치는 등 애매한 형태로 감지되기도 하지만, 분노는 대체로 명확한 상황 때문에 촉발된다는 점도 다르다. 다시 말해, 우리가 체험하는 분노는 상황에 대한 반응인 셈이다. 분개는 목적이 매우 뚜렷한 분노를 가리키며 뭔가를 평가하는 사고와 명확히 맞물려 있다. 나아가 보편적으로 격한 분노를 야기하는 특정한 상황과 경험에 초점이 맞춰져 있기 때문에 대개 건전하고 적절한 방식으로 체험된다. 말하자면 분개에는 분노보다 객관적인 측면이 존재한다.

인간으로서 지극히 부당한 대우를 받거나 권리를 침해당하는 환경이나 상황에서 일어나는 분개를 가리켜 '성스러운 분노'라는 말을 쓰기도 한다. 이런 종류의 분노에는 누구나 납득할 수 있는 측면이 있기 때문에 많은 사람이 이를 이해하고 적절하다고 여긴다. 우리 자신이나 가까운 사람이 지나치게 부당한 대우를 받았을 때에도 흔히 이런 반응이 나온다. 이를테면 자녀가 학대받았다는 걸 알게 된 부모가 체험하는 감정도 분개다. 분개는 특히 존중할 줄 모르는 태도, 배려 없이 함부로 하는 행동을 접하거나 존엄성이 침해되고 도를 넘는 치욕을 당했을 때의 반응으로 일어난다.

강렬한 화와 분노, 분개의 감정은 단순한 상태나 기분과는 다르다. 기분은 감정이 탄생하는 토양이다. 예를 들어 두려운 기분을 자주 느끼면 점점 더 많은 두려움의 감정이 생겨나고, 이것이 특정한 상황과 만나 반응을 일으킨다. 또 기분 상태가 예민할 때는 사소한 일에도 평소보다 금세 짜증스럽게 반응하게 된다. 이에 따라 어떤 여성은 작은 화도 매우 강하게 감지하는가 하면 다른 여성은 이를 전혀 의미 없는 것으로 받아들이기도 한다. 후자는 자신이 화났다는 사실 자체를 부정할 수도 있다. 그저 뭔가 일이 조금 꼬였다고만 여기고 넘어가는 것이다. 스스로에게든 타인에게든 감정의 강도가 천차만별로 평가될 수 있다는 걸 보여주는 대목이다. 화와 분노의 강도는 항상 주관적으로 체험된다. 감정에는 객관적인 척도가 존재하지 않는다. 그러니 '지금 내가 화를 내도 될까? 이게 타당한 감정인가?'를 생각할 필요는 없다. 분노는 매우 중요한 감정이고, 우리는 '모든 것'을 느낄 자격이 있다.

화는 여러 가지 사고 및 행동거지와 혼합돼 다양한 '옷'을 입고 나타나기에 때로는 알아채기조차 어렵다. 은폐된 화는 전반적으로 편치 않고 저조한 기분이 뒤섞인 혼란스러운 느낌 등으로 감지된다. 화난 감정에 직접 접근하는 통로가 잘 갖춰져 있지 않다면 아마도 이 혼란스러운 '저기압 상태'를 경험할 것이다. 자신은 알아채지 못한다고 해도 이들에게서는 불만과 짜증, 예민함, 뾰루퉁함, 언짢음, 무뚝뚝함, 신경질적인 태도, 불쾌함, 사나움, 역정 등이 관찰된다.

우리가 화를 외면해버리고 자각하지 못할 때조차 주변 사람은 이를 흔히 감지한다. 우리 뇌에 있는 거울신경세포[37] 덕분이다. 이 신경세포는 타인을 그저 바라보기만 해도 상대방의 행동을 스스로 행할 때와 똑같이 활성화된다. 그래서 우리는 이따금 해당 순간에 실제로 자각하는 것보다 더 많은 것을 인지할 수 있다. 애써 떨쳐버린 감정이 그대로 사그라지지 않는 이유도 여기에 있다. 우리가 그 감정에 접근할 수 없게 돼버리는 것뿐이지, 우리 신체에는 그 감정이 여전히 저장돼 있기 때문이다.

뭔가 문제가 있기는 한데 그 정체를 스스로도 딱 부러지게 말하지 못할 때, 그 이면에 무엇이 도사리고 있는지 조금만 주의를 기울이면 일상적인 일이나 타인, 혹은 자기 자신에 대한 억눌린 화가 원인임을 알게 될 것이다.

나-그리고-화

- 나는 화와 분노를 얼마나 잘 감지하는가?

- 이를 인지하는 일이 꺼려지는가?

- 이따금 화가 났으면서도 그렇지 않은 것처럼 행동하는가?

- 화가 솟구친다 싶으면 주의를 다른 곳으로 돌리면서 재빨리 억눌러버리는가?

'나도 나를 어쩔 수가 없어!'

자신의 화를 인식하지 못하고 딱딱하게 굳어버린 사람이 있는가 하면 억눌린 화와 적대감을 은근한 방식으로 외부로 발산하는 사람도 있다.

카린은 어느 대형 병원에서 간호조무사로 일하고 있다. 그는 타마라와 함께 접수대에 앉아 진료예약을 받고 처방전을 나눠주는 업무를 한다. 몇 주 전에 새로 들어온 타마라는 카린의 업무를 지원하고 검사실 업무, 심전도 검사, 붕대 교체 등도 담당한다. 한 팀으로 일하려면 업무에 관해 함께 고민하고 솔선수범하는 자세가 필요하다. 그런데 카린이 몇 주 동안 지켜보니 타마라는 물건을 꼼꼼히 정리하지 않거나 간혹 뭔가를 잊어버렸다. 다만 그때마다 상냥한 태도로 사과하고 재빨리 뒷수습을 하기는 했다.

일만 빼면 두 사람은 마음이 아주 잘 맞았다. 둘 다 사랑에 실패한 경험이 있고 현재는 싱글이어서 점심시간이 되면 자연스레 많은 대화를 나눴다. 그 밖에도 둘 다 트레킹을 무척 좋아해서 다음 여름휴가 때에는 함께 2주간 트레킹 여행을 떠날 계획을 세웠다. 타마라가 트레킹 경로를 짠 뒤 두 사람이 묵을 호텔을 예약하기로 했다. 그런데 어쩐 일인지 번번이 다른 일이 생겼다고 변명하면서 예약을 차일피일 미뤘다. 카린은 점점 조바심이 났지만, 그나마 숙소 예약은 어찌어찌 제때 해결이 됐다.

근무 중에도 타마라는 다소 감정의 기복을 보였다. 본인 말로는 피곤해서라지만, 산만할 때가 많았고 카린의 지시사항도 제대로 듣고 있는 것 같지 않았다. 카린이 재차 말을 꺼내면 그제야 허둥지둥 수습하려고 애썼다. 하루는 함께 영화를 보기로 했는데 타마라가 약속시간에 늦었다. "앗, 7시 반에 만나기로 한 줄 알았어요. 제가 착각한 모양이에요. 미안해요." 워낙 인내심이 강한 카린은 별다른 말을 하지 않고 넘어갔다.

그런데 트레킹 여행 중에 더 큰 문제가 터졌다. 타마라가 하룻밤 숙소 예약을 빠뜨리고 트레킹 지도도 깜빡 잊고 구해오지 않은 것이다. 결국 날마다 걸어야 할 경로를 계획하고 충분한 식재료를 구비하는 일까지 카린이 도맡게 됐다. 카린의 인내심은 마침내 한계에 다다랐다. "매번 내가 다 해야 하잖아!" 타마라는 그저 "미안해요. 하지만 일부러 그런 건 아니라고요"라고 대답할 뿐이었다. 카린은 두 번 다시 타마라와 함께 휴가를 보내지 않기로 결심했다. 퇴근 후 타마라와 함께 외출하는 일도 줄이기로 했다. 보아하니 병원의 다른 동료들도 서서히 타마라가 신경에 거슬리고 그의 끝없는 사과에도 짜증이 나는 눈치였다. 카린이 드디어 화를 내며 타마라의 부주의를 나무랐을 때는 도리어 비난이 되돌아왔다.

"도대체 다들 뭐가 그리 불만인지 모르겠어요. 제가 무슨 잘못을 얼마나 했다고. 아니, 일정을 깜빡 잊은 적이 한 번 있긴 하지만 너무 바빠서 그런 것뿐이에요. 게다가 사과도 했잖아요. 뭘 더 어쩌라는 건가요?"

타마라의 행동을 지칭하는 말이 있다. 바로 '수동적 공격성'이다. 수동적 공격행동은 공공연한 적대감을 발산하지는 않으며, 오히려 당사자가 아무것도 하지 않는다는 점이 특징이다. 지시사항을 이행하지 않고 질문에 대답하지 않으며 문제가 생겨도 그냥 내버려둔다. 이런 식으로 고의로 뭔가를 지연시키면서 눈에 띄는 갈등을 피하려 한다. 그러고는 행동을 지적당하면 흔히 자신은 '아무것도' 하지 않았는데 왜들 그러냐며 어리둥절한 반응을 보인다.

수동적 공격성을 지닌 사람이 주변에 있으면 적잖이 화가 날 수밖에 없다. 이럴 때는 그들이 내면에 억눌린 화를 품고 있다는 걸 염두에 두는 것이 좋다. 이들에게도 대개 '화를 내면 사람들이 나를 싫어할 거야'라는 신념체계가 각인돼 있다. 심지어 '화를 내는 건 용납되지 않아'라고 생각하고 있을지도 모른다. 수용되지 않은 화는 타인에 대한 존중 결여, 소홀함, 약속 잊기, 침묵 등으로 나타난다. 자신의 행동거지에 책임지는 태도는 눈을 씻고 봐도 찾을 수 없다.

수동적 공격성은 사회적 상황에서 갑작스러운 피로나 회피, 무료하고 무관심한 태도 등의 형태로도 드러난다. 이들은 흔히 "무슨 말을 해야 할지 모르겠어요"나 "지금은 할 말이 없네요"라는 말을 자주 한다. "그 이야기는 하고 싶지 않아요" 혹은 "그 일은 하고 싶지 않아요"라고 분명히 말하는 것보다 "모르겠어요"라고 말하는 편이 쉽다. 공공연한 언쟁을 피할 수 있기 때문이다.

카린이 타마라에게 환자의 진료비 계산서에 관해 몇 가지 중요한 사항을 설명하는 동안 타마라는 계속해서 물품 목록을 확인하는 데 묵묵히 열중했다. 카린이 "내 말 듣고 있는 거예요?"라고 묻자 이런 대답이 돌아왔다. "물론이죠. 그런데 저 하던 거 먼저 하고요."

두 사람이 의사소통하는 모습을 보면, 모호한 수준을 벗어나지 못할뿐더러 양쪽 모두 자신의 필요를 충분히 돌보지 않고 있다는 걸 알 수 있다. 먼저 카린은 "중요한 사항을 설명하려는데 목록은 잠깐 옆에 치워두고 주의해서 들어줬으면 해요. 지금 시간 괜찮은가요?"라고 분명하게 말하는 편이 나았을 것이다. 타마라는 이때 "먼저 이 목록 확인부터 끝내고 싶어요. 조금 뒤에 설명해줄 수 있나요?"라고 대답함으로써 자신의 필요를 옹호할 수 있었을 것이다. 이렇게 하면 상황을 해결할 방법을 함께 모색할 수 있다. 이는 비교적 사소한 사례지만, 큰 의미 없는 일상적 상황에서 명확한 의사소통을 회피하면 정작 피해야 할 문제, 즉 불필요한 화를 유발할 수 있다는 걸 매우 분명하게 보여준다.

당사자가 무의식적으로 행하는 수동적인 공격행동의 이면

에는 대개 아동기에 자기 의견을 피력하고 입장을 고수하면서 위험을 겪었던 경험이 숨어 있다. 여기에서 위험이란 중요한 애착대상에게 거부당하거나 심지어 처벌을 받았다는 뜻이다. 이때 어린아이가 '아예 말이나 행동을 하지 말아야겠어. 그러면 실수할 일도 없고 더 나빠지지도 않을 테니까!'라고 결심한다는 사실은 앞서도 이야기했다.

접촉이나 애정의 단절은 모두 공격성에서 나온 행위지만, 아그레디라는 어원, 즉 '누군가 혹은 뭔가를 향하는' 형태가 아니라 '거리 두기'의 형태를 띤다. 이런 처벌을 받은 사람은 대부분 이를 '나는 타인에게 상대할 만한 가치도 없는 사람이다'라는 의미로 받아들인다. 그러니 인간관계에서 순응을 강요할 때는 애정 단절이 가장 효과적인 압박 수단이다.

수동적 공격성을 통해 간접적으로 표출되는 분노는 알고 보면 당사자의 기분을 상하게 만들거나 실망을 안긴 애착대상을 향한다. 다만 아동기에는 이를 표현하는 데 위험이 따랐을 터이다. 수동적 공격성은 매우 효과적이며, 딱히 다툼이나 공공연한 마찰을 빚지는 않지만 서서히 타인에게 파고들며 동요를 일으킨다. 이때부터 악순환이 시작된다. 수동적 공격행동을 하는 사람은 주변 사람의 공격성을 자극하고, 이는 언젠가 터지게 돼 있다. 수동적 공격성을 지닌 사람에게는 때로 그렇게 자극된 공격성이 도리어 구원의 기회가 된다. 직접적으로 공격을 받았으니 자신도 거리낌 없이 화를 낼 구실이 생긴 것이다.

나-그리고-화

- 나는 갈등이 발생하면 능동적으로 대처하기보다는 피해버리는 편인가?
- 가끔은 아무 반응도 보이지 않거나 화제를 돌리거나 아무 일 없었다는 듯 행동하는 게 마음 편할 때도 있는가?
- 수동적 공격행동을 하는 주변 사람을 대하며 무력감이나 분노를 느낀 경험이 있는가?
- 내 욕구와 화를 명확하고 직접적으로 말할 용기를 주는 것은 무엇이라고 생각하는가?

대체감정

'화를 내야 하는데 왜 슬퍼지는 걸까.'

"당신에게 화가 난 건 아니야. 그저 너무나 실망스럽고 이루 말할 수 없이 슬플 뿐이지." 마리아는 처음 만났을 때만큼 자신을 사랑하는지 더 이상 확신이 서지 않는다고 털어놓는 남편에게 이렇게 대답했다. 마리아는 서른여섯 살이고 결혼한 지는 6년째다. 두 사람에게는 만 2세와 4세의 아이도 있다. 마리아의 남편은 어느 대기업에서 엔지니어로 근무하며 프로젝트 관리 총책임자로 일하고 있다. 마리아는 원래 보육교사였지만 아이들이 태어난 뒤로는 가사만 돌보는 중이다. 자녀 외에 가끔 이웃 아이를 돌봐주며 약간의 돈을 버는 것이 전부다. 직장으로 복귀하고 싶었지만 둘째인 아들이 심장질환을 앓고 있어 아직 보육기관에 맡길 수 없는 데다 수술도 예정돼 있었다. 첫째인 딸은 이미 유치원에 다니는 중이다.

마리아는 상냥하고 배려심 많은 엄마였다. 아이 교육에 심혈을 기울이며 잘 놀아주고 함께 만들기 놀이도 즐겼다. 가사를 꼼꼼히 챙기며 남편 내조에도 최선을 다했다. 남편은 힘든 직장 업무로 인해 종종 심한 스트레스를 받았다. 마리아는 자신의 현재 삶에 대체로 만족했지만, 한편으로는 아이들을 유치원과 학교에 보낸 뒤 다시금 사회생활로 뛰어들 날을 손꼽아 기다리기도 했다. 남편과는 마음이 잘 맞았고, 검소하면서도 만족스럽게 일상을 보내는 중이었다. 그날 저녁, 부부관계를 대하는 마음에 변화가 생겼으며 더 이상 그에게 어떤 애정도 느껴지지 않는다고 남편이 말하기 전까지는 그랬다. 다른 사람이 생겼느냐는 물음에 그는 순순히 동료와 사랑에 빠졌다고 고백했다. "그 사람과는 자식들이나 살림, 아픈 아들에 관한 이야기 말고도 훨씬 더 많은 대화를 나눌 수 있기 때문이야."

마리아는 충격과 깊은 슬픔에 휩싸였다. 그리고 하염없이 눈물을 쏟았다. 남편을 잃고 싶지 않았던 그는 남편에게(그리고 스스로에게) 자신이 이제 뭘 어떻게 해야 하는지 물었다. 남편은 당장 이혼할 마음은 없지만 조금 시간을 두고 자신의 마음이 어떤지,

앞으로 어떻게 하고 싶은지 고민해보겠다고 말했다. 마리아는 남편도 이 상황으로 인해 괴로워하고 있음을 감지했다. 그래서 한동안 그를 방해하지 않기로 마음먹었다.

마리아는 너무나 외로웠다. 남편은 점점 더 마리아를 멀리했고, 주말이면 가족과 함께 시간을 보내는 대신 혼자서 조깅을 하거나 자전거를 타러 갔다. 예전처럼 마리아가 몇 시간이나마 자유시간을 가질 수 있도록 아이들을 돌봐주지도 않았다. 마리아는 점점 지쳐갔고 불면증에 시달렸다. "아이들이 있어서 그나마 다행이에요. 주의를 다른 데로 돌릴 수 있으니." 아이들은 시도 때도 없이 엄마에게 매달렸다. 엄마가 슬픔에 빠져 있다는 걸 아이들도 느낀 모양이었다.

저녁 시간과 주말이면 마리아는 대개 남편이 귀가할 때까지 기다렸다. 그러나 남편은 예전에 비해 말수가 부쩍 줄었고, 마리아 역시 회사 일이 어땠는지(그리고 그 여자 동료를 또다시 만났는지) 일일이 캐묻고 싶은 마음이 들지 않았다. 대신 남편의 비위를 맞춰주려고 그가 좋아하는 요리를 자주 준비했다. 남편의 귀가가 많이 늦는 날이면 식탁 앞에 앉아 식어빠진 음식을 보며 울었다. 그리고 울어서 통통 부은 아내의 얼굴을 보고도 냉정하고 거부감 섞인 반응만 보이는 남편을 보며 의아해했다. 남편은 남편대로 아내의 그런 모습을 감당하기 힘들었다. 그래서 아내와 함께 주방에 머물지 않고 텔레비전 앞에 앉아 음식을 먹었다. 마리아가 갈구하는 애정은 남편 어느 구석에서도 보이지 않았다. "최소한 다녀왔다고 인사하며 안아줄 수는 있잖아! 꼭 그렇게 차갑게 굴어야 해?" 그러나 뻣뻣하게 안아주는 남편의 태도에 마리아는 한층 더 몸서리를 쳤다.

여기에서 무슨 일이 벌어지고 있는 걸까? 마리아가 눈물로 호소하고 있음에도 그토록 갈망하는 위안을 얻지 못하는 이유는 무엇일까? 어째서 눈물이 남편을 더욱 멀어지게 만드는 걸까? 마리아의 가정에는 고전적이고 전통적인 역할분배가 존재한다. 여성은 어린 자녀들을 위해 집에 머물며 어머니와 가정주부, 아내로서 모든 것을 잘해내려고 노력한다. 최근에는 육아휴직을 하는 남성도 늘고 있지만, 양육을 동등하게 분담하는 건 여전히 당연하게 여겨지지 않는다. 개인적인 희망은 물론이고 경력 쌓기까지 미루는 쪽은 대부분 여성이다. 불공평하기 그지없는 일이다. 어쨌든 마리아와 그의 눈물에서 주목할 점은 무엇인가?

눈물은 사회적 기능을 한다. 누군가 우는 것을 보면 사람들은 보통 자연스레 위로하고 싶은 충동을 느낀다. 거울신경세포가 우리로 하여금 타인의 고통에 공감하게 만들기 때문이다. 당사자의 눈물이 고통과 상처, 실망을 야기하는 상황과 적절히 맞아떨어질 때면 특히 더 그렇다.

그러나 상대방의 괴로움을 공유하고 싶지 않을 때는 그의 눈물이 거북하게 느껴질 수 있다. 이때 우리는 타인의 눈물 앞에 무력감을 느낀다. 종종 그의 눈물이 거짓되거나 부적절하다는 느낌이 들 때도 있다. 그러면 내키지 않아도 위로해줘야 한다는 불편한 압박감에 사로잡힌다. '가짜' 눈물은 보는 사람으로 하여금 상대방이 그토록 고통받는 이유가 자기 때문이라고 느껴지게 만든다. 마리아의 남편도 마찬가지였을 것이다. 그래서 괴로워하는 마리아에게서 등을 돌리고 홀로 둔 것이다. 그에게 아무런 책임이 없는 건 아니다. 마리아가 슬퍼하는 게 당연한 상황 아닌가? 물론이다. 그러나 그와 동시에 뭔가가 빠져 있다. 마리아의 화와 분노는 대체 어디로 사라진 것일까?

마리아의 이야기를 들은 친구는 입을 딱 벌리고는 반사적으로 이렇게 대꾸했다. "나라면 그에게 치를 떨었을 거야! 너한테 아이들과 집안일을 몽땅 맡겨두고 주말에 운동을 하러 가거나 여자 동료와 노닥거린다니. 그 상황에서 너는 그가 좋아하는 요리를 해준다고? 정신 나간 것 아니야?" 마리아는 뜻밖의 반응에 얼떨떨해졌다. 친구마저 자신을 비난하면서 실망스럽고 이해할 수 없다는 태도를 보이자 한층 더 깊은 슬픔이 밀려왔다. 그러나 친구가 마리아를 토닥거리면서 그의 슬픈 마음을 이해한다고 말해주자 금세 답답한 마음이 풀렸다. 그제야 마리아는 괴로운 마음을 털어놓고 마음껏 울 수 있었다. 그리고 친구에게 자신의 상황에 어째서 그토록 분노하는지 물었다. 친구는 배우자가 그런 식으로 부부관계와 가족으로부터 슬그머니 발을 뺀다면 누구라도 분노할 거라고 다시 한 번 일러줬다. 불만이 있다면 이런 일이 벌어지기 전에 일찌감치 말을 꺼냈어야 한다는 것이다. 그러면 두 사람이 힘을 모아 해결방법을 찾을 수 있었을지도 모른다.

이번에 놀란 쪽은 마리아였다. 그때나 지금이나 자신은 화낸 적이 없다는 사실이 문득 떠올랐다. 나아가 지금껏 살면서 짜증이나 분노를 느낀 적이 없다는 사실도 깨달았다. 자신은 모든 것을 잘해내고 모든 사람의 안위를 돌보려고 노력하는, 인내심과 감정이입 능력을 갖춘 여성이라고만 생각해왔다. 그것이 여성으로서 자신에게 주어진 역할이며 그렇게 하는 게 지극히 당연하다고 여기고 그 역할을 기꺼이 수행했다. "화내봐야 득 될 것 없잖아. 갈등만 더 커질 뿐이지. 무엇보다도 나는 그를 사랑한다고!"

화와 분노는 정말 사랑과 동시에 존재할 수 없는가? 둘은 서로 모순되는 감정인가? 마리아는 그렇게 생각한 듯하다. 어렸을 때든 십대 시절에든 그다지 화를 낸 기억이 없었다. 그의 가족은 화목함을 매우 중시했다. 어린 시절의 마리아는 감정 기복이 심한 언니와 달리 상냥하고 이해심 많은 아이라는 칭찬을 듬뿍 받으며 자랐다. 언니가 언성을 높이며 공격적인 행동을 하면 어머니는 "내가 너를 잘못 키웠나 보구나"라고 한탄하곤 했다. 때로는 울기까지 했다. 마리아는 엄마가 자신 때문에 슬퍼하게 되는 걸 원치 않았다. '엄마가 나는 제대로 키웠다고 생각할 수 있게' 행동함으로써 기쁨을 주고 싶었다.

마리아의 어머니 역시 공격성에 대처하는 데 어려움을 겪는 여성이었을까? 할머니는 어땠을까? 마리아는 곰곰이 생각에 빠져 기억을 되짚어봤다. 그는 자신이 화를 내거나 분노할 수 있다는 생각만으로도 커다란 두려움을 느꼈다. 그랬다가는 더 이상 사랑받지 못하게 될까 봐 걱정스러웠다.

많은 사람, 그중에서도 여성은 화내기보다는 슬퍼하는 쪽을 택한다. 이들은 화라는 감정에 접근할 수 있는 통로를 거의 또는 전혀 갖추고 있지 않다. 화가 날 만한 상황에 맞닥뜨리면 불현듯 그런 감정이 스치기도 할 테지만 그때마다 실망과 고통, 슬픔 등을 재빨리 앞세우고 분노는 애써 떨쳐버린다. 분노가 거북함과 두려움을 유발하는 까닭에 이를 좋아하지도 않는다. 이런 사람은 대부분 유년기에 화를 내다가 비난이나 벌을 받음으로써 분노를 '올바르지 못한 것'으로 체험한 적이 있다. 그래서 화를 내면 더 이상 사랑받지 못하리라는 두려움을 안고 있다.

아이답고 자연스러운 분노발작에 어른이 적절히 대처하지 못했을지도 모른다. 아이다운 논리에 따라 이런 경험은 '내가 화를 내면 아무도 나를 좋아하지 않을 거야. 그러니 화를 드러내지 않는 게 가장 좋아'라는 고정관념을 만들어낸다. 어린 소녀는 특히 화내는 대신 슬퍼하면 좀 더 쉽게 어머니의 애정 어린 관심을 얻을 수 있다. 남동생이 인형 머리를 잘라버렸다며 우는 여자아이는 틀림없이 엄마의 위로를 받는다. 그러나 고래고래 소리를 지르며 동생을 때리고 분노를 분출한다면 어떨까? 그때도 어른들이 아이를 안아줄까?

슬픔은 애착대상에게 받아들여지지만 분노는 그렇지 않다. 부모에게는 화가 나서 날뛰는 여자아이보다 슬퍼하는 여자아이를 달래는 게 쉽게 느껴지기 때문이다. 이로써 아이는 분석심리학에서 말하는 이른바 '대체감정Ersatzgefühle'[38] 또는 '은폐용 감정'을 학습한다. 화를 내는 대신 슬퍼하고, 분노하는 대신 두려워하는 식으로 감정에 가면을 씌우는 것이다. 자라면서 다양한 감정을 인지하고 분류하는 법을 올바로 배우지 못하면 아이들은 이처럼 본래의 적절한 감정이 아닌 가짜 감정을 품는 법을 배운다.[39]

남자아이의 분노는 대체로 수용되긴 하지만 그 대신 두려움, 고통, 슬픔이 허락되지 않아서 간혹 문제가 된다. 자녀를 키우면서 "사내아이는 우는 거 아니야", "사나이라면 아픈 것쯤은 참을 수 있어야지"라고 말하는 사람을 여전히 심심찮게 볼 수 있다. 다행히 오늘날에는 많은 부모가 이와 관련해서 보다 깨인 의식으로 행동하게 됐다.

다시 화내기보다 슬퍼하기를 택하는 여성이라는 화제로 되돌아가보자. 이들은 아동기에 가정에서 다툼과 분노와 폭력을 경험했을 가능성이 있다. 이는 어린아이에게 매우 커다란 두려움을 일으킨다. 당시에 아이는 '나는 저렇게 되지 않을 거야'라고 생각했을지도 모른다. 일찍부터 이런 결심을 하고 그에 상응하는 신념체계를 형성하는 아이가 있다는 사실은, 어째서 많은 성인 여성이 자신의 화를 인지하거나 드러내놓고 표현하지 못하는지를 설명해준다.

슬픔을 화로 대체하는 사람들

그렇다면 화는 언제나 진짜 감정인가? 아니면 다른 감정의 대체감정일 수도 있는가? 베아테의 사연을 통해 알아보자.

첫인상만 보면 베아테는 화라는 감정에 접근하지 못하는 사람처럼 보이지 않는다. 오히려 쉽게 화를 냈으며 가족에게도 금세 언성을 높이곤 한다. 베아테는 강인한 여성이고 직업적으로도 어느 누구 못지않게 활동적이다. 그는 대형 자동차 정비소에서 일하며 회계출납 업무를 총괄하고 있다. 투박한 분위기가 지배적인 업계 특성상 베아테도 괄괄한 성격을 지니게 된 건 아닐까? 혹은 그의 성격이 원래 그렇기 때문에 이 업계의 일이 잘 맞는 걸까? 그의 남편과 아들, 딸은 쉽게 화를 내고 비난을 하는 베아테 때문에 끊임없이 어려움을 겪는다. 베아테 스스로도 화를 참지 못하고 폭발한 날이면 미안한 마음이 들어 가족에게 사과한다.

베아테는 남편과 아이들을 사랑하며 그 사랑을 가족에게 자주 표현한다. 겉으로 보이는 괄괄한 면 뒤에 두려움과 슬픔 같은 유약한 면이 숨어 있다는 걸 베아테 스스로도 알지 못한다. 분명한 게 있다면 우는 걸 싫어한다는 사실뿐이다. '꿋꿋한 여성이 되자'가 그의 신조다. 그는 늘 무슨 일에든 대책을 강구하고 신속히 실질적인 해결책을 찾아낸다.

어느 날 가장 친한 친구가 유방암 진단을 받았다는 소식에 베아테는 커다란 충격에 휩싸였다. 친구를 만나고 온 날에는 신경이 날카로워져서 사소한 일로 아이들과 남편에게 버럭 화를 냈다. 친구가 큰 병에 걸린 게 정신적으로 큰 부담이 되어 기분까지 침울하게 가라앉은 것이다.

뿐만 아니라 베아테는 직장에서 바로 옆자리에 앉는 여자 동료에게도 신경을 날카롭게 곤두세운다. "그 여자는 정말이지 울보라니까. 상사가 뭐라고 지적한다 싶으면 울음부터 터뜨리거든. 운다고 해결되는 것도 아닌데 말이야!"

가벼운 치매를 앓는 어머니가 요양원에 들어가게 됐을 때 베아테는 입원을 도우며 늘 그랬듯 모든 일을 능숙하게 처리했다. 동시에 관청과 의사, 요양보호사들에 관해 끊임없이 욕을 해댔다. 집안에 팽팽한 긴장감이 감돈 것은 말할 것도 없다. 아이들은 슬

슬 자리를 피하기 시작하더니 친구들 집에서 많은 시간을 보내게 됐다. 베아테의 딸은 슬픈 일이 있으면 아빠에게서 위로를 구했다. 엄마는 자신을 성가셔한다는 느낌만 들었다.

베아테는 남편의 도움을 받는 것도 별로 기꺼워하지 않았다. 성격은 날이 갈수록 더욱 투박해졌다. 남편은 아내가 아이들과 자신을 그토록 서칠게 대하는 걸 보며 마음이 아팠다. 집안 분위기는 누그러질 줄 모르는 화에 서서히 중독돼갔다. 어느 날 저녁 베아테와 단둘이 소파에 앉아 텔레비전을 보던 남편은 딱히 그럴 만한 이유도 없는데 그냥 아내를 안아줬다. "당신이 친구와 어머니 일로 무척이나 걱정이 많은 것 같아. 그 심정이 얼마나 슬플지 이해해." 그러자 베아테는 무너져 내렸고 그의 입에서 진심이 터져 나왔다. "그래. 어떻게 해야 할지도 모르겠고 슬퍼서 죽을 것 같아. 정말 끔찍해!" 그러나 그는 재빨리 자세를 바로잡으며 허리를 곧추세웠다. "그래도 극복해내야지. 나는 그저 내 친구와 어머니를 대하는 사람들 태도가 너무나 못마땅할 뿐이야!"

남편의 품에 안긴 채 그에게 의지하고 위로를 받아들였더라면 베아테의 마음이 훨씬 가벼워지지 않았을까? 베아테는 순간적으로 터져 나오려는 무엇을 삼켜버린 걸까? 베아테에게 무력감과 슬픔은 감당할 수 없는 감정인 모양이다. 그러나 이런 감정이 정말 그렇게 나쁜가? 그 감정을 있는 그대로 받아들여주고 자신의 이야기에 귀를 기울이며 이해해줄 사람, 그렇게 하는 것만으로도 위로가 되는 사람이 주위에 없다면 그럴 수도 있다. 나약한 감정을 인정하기가 베아테에게는 왜 그렇게 어렵기만 한 걸까? 그는 거칠고 신경질적으로 행동함으로써 무력감과 슬픔을 은폐하고 있었다.

베아테는 셋째로 태어났다. 위로는 오빠가 둘 있다. 부모님은 그가 태어난 지 얼마 되지 않아 갈라섰다. 타 도시로 전근을 갔던 아버지가 그곳에서 가진 혼외관계가 원인이었다. 주말에 아버지가 귀가하면 대개는 부모님 사이에 싸움이 벌어졌다. 어머니는 울다가 고함치다가를 반복했다. 어머니의 행동이 끔찍했던 베아테는 남몰래 아버지에게 의지했다. 그러나 아버지는 집에 거의 머물지 않았다. 어머니와 이혼한 뒤에는 아버지를 만날 기회가 더욱 줄어들었다. 어머니가 주방에 앉아 아무도 자신에게 신경을 쓰지 않고 다 큰 두 아들도 마찬가지라고 울면서 신세 한탄하는 게 베아테에게는 진저리나는 일이었다.

실제로 오빠들은 이 모든 상황과 거리를 두고 지냈다. 집 밖에 있는 시간이 길었고 몇몇 남학생과 패거리를 이뤄 동네를 돌아다녔다. 거기 끼고 싶었던 베아테는 어느 날 인디언 놀이를 하러 숲까지 그들을 따라갔다. 당시 베아테는 여덟 살이었다. 사내아이들이 어디론가 숨어버리는 바람에 겁을 먹은 베아테는 울음을 터뜨렸다. 그러자 사내아이들이 인디언 소리를 커다랗게 내며 뛰쳐나와서는 손가락질을 하며 소리쳤다. "이 울보야! 너 같은 아이는 인디언 놀이에 끼워줄 수 없어! 자, 너는 집에 가! 엄마랑 주방에 쭈그리고 앉아서 징징대기나 하라고!"

그 순간 베아테는 두 번 다시 울지 않겠다고 결심했다. 몇 주가 지난 뒤 그는 아주 용감한 아이가 되고 싶다며 한 번만 더 놀이에 끼워주면 안 되겠느냐고 오빠들에게 물었다. 그들은 울지 않고 세 가지 담력시험을 통과하면 끼워주겠다는 조건을 내걸었다. 그래야만 자신들의 무리에 낄 자격을 얻을 수 있다고 했다. 무리에는 이미 용감한 여자아이 한 명이 들어와 있었다.

첫 번째 담력시험은 맨발로 개미집 위를 걷는 것이었다. 두 번째 시험은 길 한복판에서 패거리가 싫어하는 남자아이에게 다가가 머리칼을 잡아당기며 '늙어빠진 게이자식'이라고 욕설을 하는 것이었다. 게다가 그 아이에게 "누구한테든 이르기만 해봐. 내 친구들이 와서 흠씬 두들겨 패줄 거야!"라고 말해야 했다. 사내아이들은 베아테가 얼마나 못되게 굴 수 있는지 시험한 셈이었다. 세 번째 담력시험에서는 겁이 없다는 것을 증명해야 했다. 아이들은 베아테를 숲 한가운데 있는 나무에 묶어놓고는 한 시간 동안 혼자 있어야 한다고 일렀다. 다 버티면 그 뒤에 돌아와 풀어주겠다고 했다.

베아테는 어마어마한 두려움에 휩싸였다. 아이들이 정말 되돌아와 나를 풀어줄까? 방금 숲속에서 들린 게 무슨 소리지? 사나운 야생동물이 나오면 어쩌지? 그는 이를 악물었다. 처음에는 눈물이 흘렀지만 아주 작은 소리조차 내지 않았다. 사내아이들이 근처에 숨어서 감시하고 있을지도 모르는 일이었다. 영원히 끝나지 않을 것 같던 한 시간이 지나고 아이들은 재미있다는 듯 떠들썩하게 되돌아와 베아테를 풀어줬다. "어때, 울지는 않았냐? 무서워서 벌벌 떨었지?" 베아테는 그렇지 않다고 말했다. 사내아이들은 인디언 회의를 열고 투표를 했다. 일곱 명 중 여섯 명이 베아테를 패거리에 끼워주는 데 찬성했다. "하지만 또다시 징징대면 나가야 해!" 베아테는 뿌듯했다. 그런데 그의 두려움은 어디로 사라진 걸까? 무엇보다 자신을 그토록 짓궂은 시험으로 몰아넣은 사내아이들에 대한 분노는 어디로 갔는가? 그는 그걸 그저 꿀꺽 삼켜버렸다. 용감한 아이가 되는 일에 너무나 골몰한 나머지 사내아이들을 향한 분노는 거의 느끼지 못한 터였다.

그때부터 베아테는 갖가지 상황에서 화를 있는 대로 드러내기 시작했다. 고함을 치고 짓궂게 행동함으로써 오빠들에게서 인정을 받았을 뿐 아니라 스스로도 자신이 강하고 용감하다고 느꼈다. 집에서도 전보다 반항적으로 굴었다. 어머니에게는 어느덧 거리를 두게 됐다. 어머니가 또다시 자기 신세와 실패한 결혼생활에 대해 한탄하면서 울면 화가 치밀었다.

베아테는 이른 나이에 집을 떠나 독립했다. 두 오빠들도 이미 독립한 뒤였다. 어머니가 이런 상황을 못마땅해한다는 걸 눈치 챘지만, 솟구치는 죄책감을 애써 떨쳐버렸다. 어머니에게는 여전히 신경질적인 태도를 취했다. 직업교육을 받은 뒤 자동차 정비소에 취직했을 때는 뛸 듯이 기뻤다. 마침내 사내아이들을 넘어 '사내들'에게도 뒤지지 않게 됐으니 그럴 만도 했다. 지금처럼 친구가 중병에 걸리고 어머니는 치매를 앓는 괴로운 상황이 닥치지만 않는다면 말이다. 베아테의 남편은 아내가 보이지 않는 벽을 주위에 쌓은 채 자신이 내미는 도움의 손길과 위로를 거부하고 있음을 감지했다. 그 역시 베아테의 사연에 관해 알고 있었다. 베아테는 심리치료를 통해 분노를 조절하는 방법을 모색해보자는 남편의 제안을 오랜 망설임 끝에 받아들였다.

베아테가 치료를 받으면서(참고로 그는 남자 치료사를 고집했다) 아집을 버리고 신뢰하는 법을 배우기까지는 꽤나 오랜 시간이 걸렸다. 자기 자신에 대한 믿음 역시 새로 쌓아야 했다. 어떤 감정을 품고 있든 자신은 있는 그대로 괜찮은 사람이며 환영받는 존재라는 믿음, 슬픔과 두려움, 무력감 같은 '나약한' 감정도 중요하며 그런 감정을 품어도 괜찮다는 믿음이 바로 그것이었다.

그는 자신에게 아직 긴 여정이 남았다는 걸 알고 있다. 그러나 조금씩 나아지는 중이며 억누르고 묵혀뒀던 눈물도 이제는 마음껏 흘릴 수 있게 됐다. 동시에 베아테는 화가 누그러지는 걸 느꼈다. 병든 어머니와 친구를 대할 때 밀려드는 무력감도 이제 더 잘 받아들이게 됐다. 친구가 끝내 숨을 거뒀을 때 베아테는 처음으로 남편 품에 안겨 쓰라린 고통을 온몸으로 받아들이며 한참 동안이나 절규했다. 어느덧 그는 모든 고통을 점점 더 '온전히' 느끼게 됐다. 그리고 마침내 강한 면과 약한 면을 모두 가진 여성으로서의 자신을 좋아하기에 이르렀다.

위 사례에서 우리는 슬픔이 너무나 고통스럽다고 느낀 베아테가 더는 슬퍼하지 않기로 결심하는 걸 목격했다. 베아테는 강한 아이가 되고 더 이상 울지 않기로 마음먹었지만 당시에는 그게 어떤 결과를 초래할지 알지 못했다.

많은 사람이 자신의 약점과 무력감을 인정하는 데 어려움을 겪는다. 그리고 자신의 무능함이나 불안감을 직시하기보다 외적인 환경이나 타인에게 책임을 돌리려 든다. '확신 부족'보다는 '확신 과다'가 편안하게 느껴지기 때문이다.

베아테는 당시의 상황에서 영리한 선택을 한 셈이다. 그럼으로써 부재한 아버지 대신 오빠들의 애정을 사고 소속감도 얻었기 때문이다. 어머니와의 사이에 긴밀한 애착이 형성돼 있지 않았던 베아테에게는 이런 요소가 특히 중요했다. 소속되는 일은 아동의 핵심 욕구고(이는 성인에게도 마찬가지다), 어린 베아테는 이를 얻기 위해 최선의 노력을 기울였다. '강한 사람이 되자'라는 전략에서 사람들은 남성성을 떠올리지만 여성에게서도 간혹 이를 찾아볼 수 있다.

현재 느끼는 화가 진짜고 근원적인 감정인지, 혹은 대체감정에 지나지 않는지는 어떻게 구별할 수 있을까. 진짜 감정은 상황과 적절히 맞아떨어지며 대부분의 사람이 그 상황에서 비슷한 반응을 보인다. 또한 자신의 감정적 반응이 적절했는지 스스로 깊이 생각해볼 수 있는 상태라면 그 감정은 진짜라고 할 수 있다. 일반적으로 화는 당면한 문제와 관련된다. 다시 말해 현재의 실망, 상처, 피해에 대한 반응인 셈이다. 화가 진짜 감정일 때는 그 크기와 강도도 상황과 적절히 맞아떨어지며, 바로 거기서 상황을 해결하고 극복하는 데 활용할 에너지도 얻을 수 있다.

화는 일정한 상태로 유지되기보다는 솟구쳤다가 다시 잠잠해지기도 한다. 짜증스러운 상황에 관해 누군가에게 이야기할 때 상대방이 공감하며 경청해주면 화르르 타오르던 화도 다시 누그러진다. 갈등이 풀리기 시작하면 보통 화가 수그러들고, 문제에 어떻게 대처해야 할지 고민만 해도 이런 효과를 얻을 수 있다.

지금 당장의 문제 때문이 아니라 미래의 일을 상상하면서 일어나는 화는 현재 당사자가 느끼는 감정이기는 하지만, 특정한 일이 일어나리라는 기대가 투영돼 있다. 즉, 해묵은 화, 해묵은 상처가 이미 영향을 미치고 있는 것이다. 전에도 그랬으니 똑같은 일이 다시 생길 거라고 예상하고 두려워한다면, 과거의 사건에 화가 난 상태이며 아직 마무리되지 않은 실망과 상처가 남아 있다는 뜻이다. 그리하여 우리는 이 사건을 떠올릴 때마다 해묵은 화를 끄집어낸다.

화가 대체감정이라는 말은 우리가 불안과 무력감, 슬픔을 받아들이는 대신 화를 내거나 분노한다는 의미다. 대체감정으로서의 화는 보통 일정한 상태를 유지하며 크게 기복을 보이지 않는다. 장시간 지속되고 언제든 되살아날 수 있다는 점도 특징이다. 이때는 누군가와 대화를 나눠도 마음의 짐이 거의 혹은 전혀 덜어지지 않는다. 화기 대체감정일 때 당사자는 말하는 중에 자신이 크게 화난 상태임을 몇 번이고 강조한다. 이들에게 화는 익숙한(일찍이 학습된) 감정이다. 이들은 다른 사람이 자신의 화에 별로 공감하지 않거나 이의를 제기하는 이유를 이해하지 못한다. 진짜 감정으로서의 화와 달리 대체감정으로서의 화는 문제해결에 도움이 되지 않는다. 화의 에너지는 비난의 형태로 터져 나올 뿐이다.

대체감정은 사람들 사이의 거리를 좁혀주기는커녕 더욱 멀어지게 만든다. 또한 거울신경세포가 혼란스럽게 반응할 때가 많아서 자연스러운 공감에도 방해가 된다. 당사자의 이야기에서 화낼 만한 근거를 전혀 발견할 수 없기 때문에 듣는 사람은 전혀 다른 감정으로 반응하며, 상대방이 어째서 그렇게 화가 났는지도 이해하지 못한다.

- 내 감정을 향한 접근로는 전반적으로 어떠한가?

- 어떤 감정을 특히 자주 느끼는가?

- 내게 낯선 감정은 무엇인가?

- 어떤 일이 어긋나거나 내게 방해될 때 대체로 슬픔을 느끼는가?

- 분노 때문에 울 수 있는가?

- 슬플 때보다 화날 때가 많은가?

- 무력감과 불안감이 드는 상황에 처했을 때 자주 화를 내는가?

- 특정한 상황에서 분노하는 게 적절한지 성찰하고 가늠하는 데 능숙한가?

분노에 대한 자신의 마음가짐을 파악하고, 지금껏 살아온 삶을 배경 삼아 분노와 관련된 이전의 경험을 관찰해보라. 분노 및 화와 관련해서 나쁜 경험을 했거나 심지어 그 때문에 트라우마가 남았는가? 아니면 생산적인 경험도 했었나? 스스로 어린 시절에 분노를 떨쳐버리는 걸 '생존전략'으로 이해하고 받아들인 적이 있다면 이를 되짚어보는 것도 도움이 된다. 화라는 감정에 접근할 통로를 제대로 갖추지 못했

다고 해서 자기 자신에게 분노의 화살을 돌리기보다는 스스
로를 애정 어린 마음가짐으로 대하는 것이 중요하다.

3장

때늦은 분노는
폭풍으로 변하고

소통이 빠진 공격성은
장기적으로 파괴적인 결과를 낳는다.
그리고 마지막에 가서는 외부를 향한 폭력 또는
자기 파괴로 귀결된다.

화는 적립해야 하는
쿠폰이 아니야

감정은 안팎의 다양한 조건으로 생겨난다. 때로 아무런 이유도 없는데 갑자기 어떤 감정이 밀려들기도 하지만 찬찬히 원인을 추적하다 보면 누군가, 혹은 뭔가가 우리를 노엽게 만들었다는 걸 알 수 있다. 그냥 밀쳐버리고 묻어두는 데 급급하지 않는다면, 그 촉발 원인은 물론이고 무엇이 우리에게 유익하고 유용한지를 알려주는 내면의 생각과 평가까지도 파악할 수 있다. 바로 이런 요소가 얼마나 화를 느끼고 표현할지에 영향을 미친다. 즉, 화란 뭔가에 대한 우리 자신의 반응이다.

우리는 흔히 다른 사람이 우리를 화나게 한다고 생각한다.

그런데 사실 타인은 우리를 화나게 할 수 없다. 타인의 행동은 화를 일으키는 촉매제 역할은 하지만, 그에 대응해 화를 낼지 말지는 순전히 나 자신의 결정에 달려 있고 그에 대한 책임도 온전히 나의 몫이다. 그럼에도 화는 나 혼자만의 문제가 아닐 때가 많은데 그 이유는 그 감정이 타인과의 관계와 연관이 있고, 타인 역시 그 자신의 행동에 책임을 지기 때문이다. 그러므로 남 때문에 화를 내지 않겠다고 혼자 다짐하는 건 충분한 해결책이 되지 않는다. 나와 상대방 사이에 충분한 협의가 필요한 이유다.

감정과 감정의 표출은 대개 사회적 맥락에서 일어나기 때문에 주변 환경, 즉 우리에게 의미 있는 사람과의 관계와 동떨어질 수 없다. 반복되는 상황이나 매우 특수한 상황, 타인의 화법이나 특별한 행동방식은 우리 내면에 화를 불러일으킬 수 있다. 심지어 자기 자신, 정확히 말해 자신의 행동거지나 생각에 화가 날 때도 있다. 화와 분노는 대개 당면한 상황과 맞물린다. 상처, 거부당했다는 느낌, 실망스러운 상황에서 우리는 어김없이 화와 분노를 느낀다.

화난 감정은 기념사진이나 적립 포인트처럼 누적되고 '수

집'되기도 한다. 이런 일은 매우 일상적으로 일어난다. 뭔가 짜증스럽지만 화낼 만한 상황이 아니라서 그냥 넘어갈 때 우리는 적절한 시기와 상황이 되기를 기다린다. 그런데 기회를 또 놓쳐버린다. 사소한 화를 그냥 넘겨버리는 일이 이렇게 자주 반복되면 이제 본격적으로 쿠폰 모으기가 시작된다. "또!"라는 말이 튀어나오고, 이런 상황이 반복되고 있음을 알아차린다. 수잔네의 사례를 살펴보자.

수잔네와 게오르크는 부부다. 두 사람은 8년 전부터 바닷가의 자그마한 집에서 함께 살고 있으며 둘 다 직업이 있다. 수잔네는 한 대기업에서 여행상품 기획자로 일하고 게오르크는 세 명의 직원을 두고 작은 전자제품 상점을 운영한다.

두 사람은 스스로를 현대적인 부부라고 생각한다. 둘 다 경제활동을 하고 자녀는 없기 때문에 풍족한 생활을 누리며 멋진 여행도 얼마든지 다닐 수 있다. 처음 만났을 때부터 결혼생활에 관한 서로의 생각을 나누고, 둘 다 직장에 다니니 가사와 정원 일은 똑같이 나눠서 하기로 합의했다. 그런데 시간이 흐를수록 수잔네는 못마땅한 기분이 들었다. 게오르크가 요리와 집 안 청소를 점점 더 아내에게 미루게 된 것이다. 처음에는 그가 요리할 차례가 됐을 때 피자를 주문해도 괜찮았다. 그러나 조금씩 약속을 어기는 걸 허용하다 보니 이제 주말마다 수잔네가 정원을 돌보거나 빨래를 하는 상황에 이르렀다. 그 시간에 게오르크는 서재에 틀어박혀 사업에 필요한 서류 등을 처리하곤 했다. 식사 시간, 정확히 말해 요리할 시간이 되어 수잔네가 남편에게 "오늘은 무슨 요리를 할까?"라고 물으면 "아무거나 해. 나는 할 일이 좀 남았거든. 너무 번거롭게 차리지는 말고"라는 대답이 돌아왔다.

주말마다 자신이 요리하는 상황을 수잔네가 못마땅하게 느끼게 된 지는 이미 오래다. 이에 관해 게오르크와 이야기도 해봤다. 물론 평일에는 상점을 운영하느라 바쁘니 주말에 서류 처리 하는 걸 이해 못 하는 바는 아니었다. 그래서 화가 나도 꾹 눌러 참았다.

여기서 '수잔네의 화가 어떻게 되었는가'라는 질문을 던질 수 있다. '쿠폰 북'이라는 비유는 화가 누적되다 보면 어떤 일이 벌어질 수 있는지를 매우 이해하기 쉽게 보여준다. 슈퍼마켓에서 주는 조그만 스티커처럼 화난 감정을 수집해서 가상의 쿠폰 북에 붙여두는 거다. 수잔네의 경우 '게오르크가 또 요리할 시간이 없다는 거로군' 하는 생각을 할 때마다 쿠폰이 하나씩 늘어난다. 엄밀히 따지면 그 자신도 (사업은 사업이라고 생각하며) 게오르크의 변명을 수용했으니 마냥 불평할 수만도 없는 일이었다. 그렇게 수잔네의 화 쿠폰은 늘어만 갔다.

시간이 흐를수록 게오르크가 세탁된 자기 옷을 옷장에 정리해 넣지 않거나, 연장이니 만들다 만 물건 따위를 거실에 늘어놓고 치우지 않는 일도 빈번해졌다. 이 역시 수잔네의 심기를 불편하게 했지만 '바가지 긁는 여편네' 취급을 당하고 싶지 않은 마음에 아무 말도 하지 않았다.

어느덧 토요일이 되면 수잔네는 아침식사 자리에서 게오르크가 아직 처리할 일이 남았다고 말하기만을 기다리게 됐다. 그리고 그가 실제로 말을 꺼내기도 전에 화가 나기 시작했다. 남편이 예상했던 말을 하면 화 쿠폰이 하나 더 늘었음은 물론이다. 그나마 일요일은 여전히 '안식일'로 남아 있었다. 이날은 수잔네와 게오르크가 뭔가를 함께하며 보내는 날이다. 그러나 수잔네는 조만간 일요일에도 게오르크의 입에서 할 일이 남았다는 말이 나오진 않을지 걱정되기 시작했다.

그 일은 몇 주 뒤 어느 일요일에 현실이 됐다. 게오르크가 할 일이 남았다며 계획해뒀던 트레킹을 취소하자고 말한 것이다. 수잔네의 쿠폰 북에 이번에는 커다란 특별 쿠폰이 하나 붙었다. 그간 누적된 쿠폰 수도 어느덧 꽤 많아졌다. 게오르크가 사소한 부주의(시내에서 돌아올 때 우편봉투를 사다달라는 아내의 부탁을 깜빡 잊은 일)를 저지른 날, 드디어 쌓였던 것이 한꺼번에 터져버렸다. "당신은 당신 자신이랑 일밖에 몰라! 나한테는 관심조차 없다고!" 게오르크는 고작 우편봉투 몇 장 잊어버린 일로 아내가 법석을 떤다고 생각하고 성을 냈다. 자신의 사소한 태만이 한계에 다다른 수잔네의 인내심을 폭발하게 만들었다는 건 까맣게 모르고 있었다. 이날의 화는 쿠폰 북에 붙일 마지막 쿠폰이나 마찬가지였다. 쿠폰 북을 채움으로써 쌓이고 쌓인 화를 남편에게 쏟아부을 도덕적 정당성을 얻었다고 느낀 것이다.

누구나 이와 비슷한 상황을 경험해봤을 것이다. 누구나 작은 '쿠폰 북' 하나쯤은 지니고 있다. 자신의 쿠폰 북에 어떤 '화 쿠폰'이 붙어 있는지 이따금 들여다보는 것도 나쁘지 않다. 어떤 여성은 쿠폰 북이 채워지면 앞뒤 따지지 않고 재빨리 써버린다. 쿠폰을 사용해야 할 대상이 아니라도 자신을 화나게 만든 누군가에게 다 채운 쿠폰 북을 당장 사용하는 것이다.

쿠폰 북이 나쁜 것만은 아니다. 크고 작은 화 중에서 어떤 것이 오래전부터 축적돼왔는지 틈틈이 돌아보고, 화를 유발한 사람들과 차분히 이야기를 나누면 쿠폰 북을 유익하게 사용할 수 있다. 대화할 때는 내게 무엇이 중요하고 무엇이 나를 화나게 하는지 분명하게 알리고 가능한 해결책을 함께 고민함으로써 달아오르는 갈등을 식힐 수 있다.

오랜 시간에 걸쳐 화를 억누르고 쌓아두는 사람이라면 문제가 한층 심각해진다. 이 기간은 몇 달, 심지어 몇 년에 이를 수도 있다. 쌓아둔 분노는 언젠가 크고 작은 사건으로 분출되기 마련이다. 물론 이때의 분노는 원래의 분노 유발 요인과 시간적으로 더 이상 엮이지 않을뿐더러 매우 부적절한 형태로 폭발할 가능성이 대단히 높다. 심지어 홧김에 누군가와 갈라서거나 사람에게 신체적 폭력을 가할 수도 있다.

때로는 축적된 화 때문에 죄 없는 사람이 희생양이 되기도 한다. 예컨대 수잔네는 남편 때문에 쌓인 화를 직장 동료에게 풀었다. 사소한 자극, 즉 동료가 불러일으킨 사소한 짜증만으로도 그동안 쌓여온 남편에 대한 실망감이 한꺼번에 소환되기에 충분했던 것이다. 수잔네는 분노의 진짜 대상도 아닐뿐더러 그와 아무 관련도 없는 제삼자에게 감정을 전가했다는 사실을 인지하지 못했지만 화는 이미 재활성화된 상태였다.

신경생물학자 요아힘 바우어는 "인간의 뇌는 공격성 기억력을 갖추고 있다"라고 이야기한다.[40] "공격장치가 활성화됐는데도 즉각적인 공격으로 대응하지 않은(또는 대응할 수 없었던) 경험은 감정적 기억의 흔적을 남기며, 공격충동은 이다음에 필요할 때를 대비해 저장된다."[41] 앞서 언급했던 "또!"라는 단어는 축적된 화의 징표라고 할 수 있다. 어떤 상황에서 "또!"라는 말이 떠올랐음을 깨달았다면 주의해야 한다. 이때는 자신이 또다시 쿠폰 북에 '화 쿠폰'을 붙이고 있지는 않은지 돌아보는 게 좋다.

화를 내면 나쁜 사람이 될 것만 같아서 화난 적 없다고 주장하는 여성들은 계속해서 화를 삼키고 쌓아둔다. 그리고 저장된 화를 어떤 식으로든 해소하는 데 큰 어려움을 겪는다. 화나 분노를 느끼는 일을 금기시하는 사람은 쌓인 화를 타인에게 푸는 게 아니라 자기 자신에게 분출한다. 이때는 스스로를 '악한' 사람으로 간주하기 때문에 자기비하에 빠지기 쉽다.

리사는 여러 해 전부터 대도시 근교의 작은 마을에서 남편 만프레드와 살고 있다. 두 사람은 도시의 다양한 문화체험을 자주 즐기며 특히 극장과 공연장 나들이를 좋아한다. 어느 날 두 사람은 저녁 공연을 관람하기로 했다. 이날을 위해 일찍부터 좋은 표를 구해뒀던 리사는 설레는 마음으로 일찌감치 외출 준비를 시작했다. 욕실에 서서 화장을 하는 동안 그는 두 차례나 만프레드를 향해 이제 그만 외출복으로 갈아입지 않겠느냐고 물었다. 만프레드는 컴퓨터 앞에 앉아 지난 휴가 때 찍은 사진들을 정리하는 중이었다.

리사는 그가 또 늑장을 부려서 뒤늦게 서두르게 될까 봐 초조해졌다. 이런 일로 리사를 화나게 만든 게 한두 번이 아니다. 몇 번 이야기를 해봤지만 달라지는 건 없었다. 만프레드는 우리보다 늦게 들어오는 사람도 있지 않느냐고 변명하기 일쑤였다. 그러나 리사는 이번만큼은 꼭 여유 있게 도착해서 공연장 로비에서 프로세코 와인을 마시며 미리 공연 분위기에 취하고 싶었다.

만프레드는 늘 그랬듯 리사가 자신을 몰아대는 게 못마땅했다. "닦달 좀 그만해. 이것부터 빨리 끝내고 싶다니까. 곧 준비할 거야." 결국 두 사람은 늦게야 겨우 출발할 수 있었다. 시내까지 가는 길은 꽉 막혀서 더 지체됐고, 엎친 데 덮친 격으로 주차장까지 만원이었다. 이제는 정말 시간이 촉박했다. 주차장을 몇 바퀴나

빙빙 돈 뒤에야 겨우 주차를 한 두 사람은 공연장을 향해 뛰었다. 리사는 속이 부글부글 끓었지만 만프레드를 더 자극하지 않기 위해 이를 악물고 참았다.

공연장으로 들어가는 통로는 이미 텅 비어 있었다. 문도 이미 다 닫혀서 관계자들이 두 사람을 들여보내주지 않았다. 리사의 실망감은 이루 말할 수 없이 컸다. 머릿속에서 이런 생각이 맴돌았다. '항상 당신 때문에…… 당신이 제때 준비를 마치지 않은 탓에…… 내 말은 절대 안 듣지…… 자, 덕분에 어떤 꼴이 됐는지 보라고…….' 만프레드는 할 말이 없는 모양이었다. 그러나 시끄러운 속과 달리 리사는 비난을 쏟아내지 않고, 대신 실망에 찬 표정으로 입을 굳게 다물고 있었다. 고함치기보다 그렇게 하는 편이 만프레드에게 더 효과적인 벌이 될 것 같았다. 실제로 만프레드는 매우 위축돼 있었다. 그러나 자신이 늑장을 부려서 이런 일이 벌어졌다는 걸 인정하고 사과하는 대신 주차장이 붐빈 탓이라고 변명했다. 화가 끓어올랐지만 리사는 그가 비참한 기분을 느끼고 있을 게 내심 고소했다.

천만다행히 첫 곡이 끝난 뒤 문이 열려 리사와 만프레드는 안으로 들어갈 수 있었다. 만프레드는 벌써 아무렇지도 않아 보였다. 반면 리사는 제대로 음악에 빠져들어 감상할 수 있기까지 한참의 시간이 필요했다.

리사는 이날 일을 회상하며 그때 고소했던 기분이 매우 강렬했다고 이야기했다. 심지어 무척이나 만족스러운 기분이었다고 했다. 마치 미적거리는 만프레드 때문에 너무나 자주 맛봐야 했던 좌절감을 이 만족감이 상쇄해주는 것 같았다.

리사의 사례를 통해 우리는 쿠폰 북을 사용하는 방법이 여러 가지라는 걸 알 수 있다. 물론 리사의 경우에는 당면한 사안과 맞물린 진짜 화가 약간 가미됐는데, 이 상황에서는 그 화가 적절하고도 납득할 만했다. 그러나 그는 이 '신선한' 화마저도 저장돼 있던 해묵은 화에 덧씌워버렸다. 실망한 리사의 머릿속에 맴돌던 '항상', '절대' 등의 표현에 주목해보라. 화를 낼 수도 있었던 구체적이고도 현실적인 마지막 상황에서 그의 머릿속에는 과거 비슷한 상황 및 그때 삼켜버렸던 화에 대한 기억이 모조리 소환됐으며, 이로 인해 리사는 쿠폰 북을 꺼내 사용하기에 이르렀다.

사실 공연장 복도에서 법석을 피우면서 만프레드에게 고함을 질러도 이상하지 않은 상황이었다. 그러나 그는 순간적으로 다른 방법, 즉 침묵과 실망한 표정을 이용해 무거운 죄책감을 심어주는 편을 택했다. 그럼으로써 꽉 막혀 있던 화를 해소한 것이다. 리사가 만족감을 즐겼다는 사실은 특정한 상황에서 '심리적 이득'을 이끌어내는 데 성공했음을 분명히 보여준다. 공연장에서의 불운은 그가 갈구해온 좌절감과 고통에 대한 보상을 해줬다.

이런 상황은 보통 예측 가능한 패턴으로 벌어진다. 만프레드와 리사의 사례에 비춰 이 패턴을 살펴보자. 예컨대 만프레드는 사과하고 앞으로는 그러지 않겠다고 약속할 수도 있다. 리사는 기대감을 안고 이를 받아들이는 동시에 그가 진심인지, 그가 정말 변하기는 할지 의구심을 품는다. 그리고 이를 확인할 기회가 오면 상황이 어떻게 흘러가는지 주시한다. 그러다 보면 언젠가는 묵은 패턴이 다시금 작동하는 날이 온다.

이는 누구 탓인가? 누구에게 책임이 있는가? 만프레드만의 잘못일까? 아니면 리사에게도 어느 정도 책임이 있나? 만프레드의 책임소재는 명확하다. 시간관념이 지나치게 '느슨하다'는 점이 그것이다. 그러면 리사는 어떤가? 이에 관해서는 좀 더 면밀히 관찰하면서 다음과 같은 질문을 던져봐야 한다. 그는 만프레드와 명확하게 시간약속을 했나? 만프레

화를 계속 억누르고 쌓아두기만 하면
결국에는 엉뚱한 곳에서 화를 터뜨리거나
자기비하를 할 가능성이 크다.

드에게 얼마나 의존하고 있나? 약속한 시간까지 만프레드가 준비를 마치지 않았다면 혼자서 제때 출발하는 방법도 있다. 덧붙여 이처럼 반복되는 문제와 두 사람의 서로 다른 욕구에 대한 해결책을 강구하려면 만프레드에게 진지하게 대화를 요구해야 한다. 그러고 그를 무작정 비난하는 대신, 시간을 정확히 지키고자 하는 자신의 욕구에 어떻게 잘 대처할 수 있을지, 자신이 어떤 타협안에 응할 준비가 돼 있는지 고민해야 한다. 그래야만 더 이상 화를 쌓아두지 않을 수 있다.

부정적 감정의 쳇바퀴, 심리게임

'화의 누적'이 인간관계에서(배우자와의 관계뿐 아니라 직업적인 관계, 또는 친구 간의 관계도 마찬가지다) 끊임없이 반복되는 상태를 일컬어 '심리게임'이라는 말을 쓴다.[42] 이 게임은 전형적인 패턴에 따라 이뤄지는 무의식적인 행동 시퀀스라 할 수 있다. 이런 행동은 무의식적으로 이뤄지지만 당사자에게는 어딘지 익숙하게 느껴진다. 또한 패턴이 한번 재생되기 시작하면 이와 관련된 사람들은 이미 상황이 어떻게 흘러갈지 어렴풋이 짐작한다.

예를 들어 리사가 만프레드와 외출할 때마다 두 사람 사이에는 같은 게임이 시작된다. 리사는 언제 출발하고자 하는지 명확히 설명하지 않고, 만프레드 역시 수동적이다. 입 밖에 내지 않은 말이 게임의 성격을 결정한다. 리사가 먼저 모호하게 "언제 출발할까?"라고 말을 꺼내면 만프레드도 마찬가지로 "이것만 끝내고 나서"라고 모호하게 대답한다. 이런 식으로 두 사람 중 누구도 직접적으로 자기 입장을 내세우거나 자기 욕구를 분명히 피력하지 않는다. 두 사람 모두 모호한 태도로 일관하면서 사안에 관해 대화를 나눌 것도 없이 무언의 비난을 던지고 현재 상태를 유지한다.

'나는 당신과 함께 제시간에 출발하고 싶다'가 리사의 숨은 바람이었다면 만프레드의 바람은 '나는 이 일을 끝마치고 싶다'였다. 리사는 이번에도 그가 제때 준비를 마치지 않으리라고 짐작했다. 그가 자신의 말을 존중하지 않으며 그에게 자기가 중요한 존재가 아니라는 생각도 들었다. 한편 만프레드는 리사가 항상 자신을 다그치며 지나치게 정확성에 집착한다고 여겼다. 재촉당하는 기분도 싫고 방해받는 바람에 오히려 시간만 더 잡아먹었다고 느꼈다. 리사가 엄마처럼 구는 게 못마땅하고 자유로운 결정권을 갖고 싶었다. 그 결과 두 사람은 서로 다른 이유로 기분을 망쳤다. 사실상 두 사람 모두 '내 욕구는 중요하지 않아'라는 느낌만 떠안게 된 것이다.

리사와 만프레드는 과거, 정확히 말해 아동기에 이와 비슷한 기본감정을 느껴봤을 가능성이 크다. 이 상황이 이들에게 매우 익숙하게 느껴지는 것도 그 때문이다. 대개 처음에는 이 패턴이 또다시 반복되려 한다는 사실을 두 사람 모두 눈치 채지 못한다. 그저 또다시 뭔가에 걸려들었다는 느낌만 받는다. 작사가 포셔 넬슨Portia Nelson이 쓴 〈다섯 장의 자서전 Autobiography in Five Short Chapters〉[43]에는 이런 현상이 예리하게 포착돼 있다.

다섯 장의 자서전

1.
길을 걷는다.
보도에 깊은 구멍이 나 있다.
나는 구멍에 빠져버린다.
희망을 잃은 나는 망연자실해한다.
내 잘못이 아니다.
너무나 긴 시간이 걸려서야 겨우 벗어난다.

2.

같은 길을 걷는다.

보도에 깊은 구멍이 나 있다.

나는 못 본 체한다.

그리고 또다시 빠져버린다.

지난번과 똑같은 장소에서

또 빠져버렸다는 게 믿기지 않는다.

그러나 내 잘못이 아니다.

구멍에서 벗어나는 데는 여전히

너무나 긴 시간이 필요하다.

3.

같은 길을 걷는다.

보도에 깊은 구멍이 나 있다.

나는 구멍을 본다.

그럼에도 또 빠져버리는 것은…… 습관이 된 탓이다.

나는 눈을 뜨고 있다.

내가 어디에 있는지 알고 있다.

이건 내 잘못이다.

나는 즉시 빠져나온다.

4.

같은 길을 걷는다.

보도에 깊은 구멍이 나 있다.

이번에는 구멍을 피해 간다.

5.

다른 길을 걷는다.

화-그리고-나

- 나는 화를 삼키고 쌓아두는 편인가?

- 어떤 사람에게서 특별히 '화 쿠폰'을 모으게 되는가?

- 어떤 상황에서 화가 더 자주 누적되나? 누적된 화를 야기하는 전형적인 상황이 있는가?

- 보통 얼마나 오랫동안 화 쿠폰을 모으나? 몇 주일, 몇 달, 혹은 몇 년 동안 모으기도 하나?

- 그 뒤에는 크게 분노를 터뜨리는가?

- 전혀 상관없는 사람에게 분노를 터뜨리는 일도 있는가?

- 그 뒤에는 기분이 어떤가? 홀가분한가, 아니면 부작용을 겪는가?

- 쿠폰을 모으면서 '두고 보라지……'라는 심정으로 은밀한 기대감을 느낄 때도 간혹 있는가?

- 화 쿠폰 대신에 슬픔 쿠폰을 모으지는 않는가?

- 이따금 화난 감정을 드러내고 그에 관해 이야기하는 식으로 쿠폰북을 사용할 때도 있는가?

- 나 때문에 타인이 화 쿠폰을 모은다는 걸 감지한 적이 있는가?

화가 쌓였을 때
몸이 하는 말

멜라니는 어린 시절에 분노를 느낀 기억이 전혀 없다고 이야기했다. 사춘기 때도 마찬가지였다. 부모님과 다툰 일도, 언성을 높이거나 눈에 띄게 변덕을 부린 적도 없다. 좌절하거나 슬펐던 적이 가끔 있긴 했지만 남 앞에서는 항상 무난하고 상냥한 소녀였다. 멜라니는 성인이 돼서야 당시를 회상하면서 자신의 고독감과 슬픔의 이면에 실망과 화가 숨어 있을지도 모른다는 생각이 들었다. 내면으로의 잦은 도피가 슬프게 느껴지기는 했지만 이는 자기 자신과 화해하는 길이기도 했다. 이런 감정에서 멜라니는 어느 정도 안정을 느꼈다.

사람들과 어울리는 걸 조금 더 즐기게 되고 새 친구도 금세 사귈 수 있게 된 건 고향 집에서 멀리 떨어진 지역의 대학에 들어가면서였다. 남자친구와 사랑에 빠진 뒤에는 곧 그와 동거하기 시작했고, 두 사람은 몇 년간 행복한 시간을 누렸다. 둘은 거의 다투지 않았고 어쩌다 다퉈도 오래가지 않았다. 다툼의 원인은 대개 집안일과 관련된 것이었다.

그러나 멜라니는 4년 뒤 남자친구와 헤어졌다. 자신이 그때 왜 이별을 결심했는지는 지금까지도 미지수다. 실제로 그들의 관계는 마냥 순조로웠다. 다만 두 사람의 생활이 뭔가 따로 흘러가기 시작하면서 어디서부턴가 사이가 벌어졌다. 멜라니가 당시 인지한 것이라고는 이것뿐이었다. 그렇게 느낀 이유는 스스로도 설명할 수 없다. 남자친구의 어떤 점이 마음에 안 들었던 건 아닐까? 그에게 화와 분노를 느꼈나? 아무것도 기억나지 않았다. 당시에 속 쓰림이 잦았다는 사실만 기억날 뿐이다. 속 쓰림은 어느덧 만성 위염으로 발전했는데, 그렇다고 식생활에 문제가 있었던 건 아니다. 당시 그는 연인과의 관계만큼이나 자신에 관해서도 잘 파악하지 못했다. 그가 감지할 수 있었던 건 위염이 유발한 심한 통증과 거북한 느낌뿐이었다.

다행히 멜라니는 이해심 많고 세심한 내과의사를 만났다. 의사는 그의 신체적 질환이 정신적 위기에서 비롯됐음을 꿰뚫어 보고 심리치료사를 추천했다. 다소 미심쩍은 기분으로 찾아간 심리치료사는 모성애와 온화함을 갖춘 나이 지긋한 여성이었다. 치료사는 전 남자친구에게 짜증이나 분노를 느낀 적이 한 번도 없느냐고 되풀이해서 물었고, 멜라니는 질문을 받을 때마다 놀라움과 혼란스러운 기분을 한꺼번에 느끼며 그런 적 없다고 대답했다. 멜라니의 상황과 행동방식에서 심한 화가 묻어나며 분노할 근거 또한 충분하다는 치료사의 말이 무척이나 기묘하게 들렸다.

그때까지만 해도 멜라니는 치료사가 무척이나 감정적이고 '제멋대로'라고 여겼다. 그러나 다른 한편으로는 공감능력이 매우 뛰어나다고 느꼈기 때문에 계속해서 그 치료사에게 심리치료를 받기로 결정했다. 그리고 화와 분노가 어마어마한 두려움을 일으키는 탓에 자신이 그런 감정을 거부해왔음을 뒤늦게야 서서히 깨달았다. 나중에는 치료사가 그 자신의 반응을 통해, 다시 말해 분노하는 감정을 직접 보여줌으로써 멜라니도 같은 감정을 느낄 수 있도록 도왔다는 사실도 알게 됐다. 어린 시절 멜라니의 가정에서는 분노가 엄격한 금기였고, 그 때문에 자신과 마찬가지로 성격이 온화한 남자친구를 찾았던 것이다. 그러나 이로 인해 연인과의 관계가 생기 없게 흘러갔음은 물론, 자기 자신과의 접촉이나 상대방과의 참된 교류 역시 결핍되고 말았다.

심리치료를 받는 동안 속 쓰림 증상은 저절로 사라졌다. 적어도 치료사 앞에서는 억지로 감정을 억누를 필요가 없었던 덕분이다. 그러나 구체적인 매 상황에서 자신의 화를 인지하고 나아가 적절한 방식으로 표출함으로써 갈등해결에 화를 활용할 수 있게 되기까지는 이후로도 오랜 시간이 걸렸다. 사람들에게 사랑받지 못할지도 모른다는 근심이 너무나 큰 나머지 매번 어마어마한 불안감과 두려움을 견뎌내야 했다. 두려움의 밑바탕에는 '나는 나의 모든 면을 사랑하는가?'라는 근본적인 문제도 도사리고 있었다.

이제 멜라니는 분노를 비롯해서 자신의 다른 부분을 받아들일 수 있게 됐다고 이야기한다. 수용되지 못한 분노를 신체가 매우 예민하게 포착하고 그에 상응하는 신호를 보낸다는 사실도 잘 이해하게 됐다.

지속적으로 억제된 화는 놓쳐버린 기회, 나아가 놓쳐버린 인생에 대한 쓰디쓴 미련을 남긴다. 화는 불만족스러운 상황을 변화시키는 데 활용되지 못했고, 남은 것은 오직 모든 일이 다르게 일어났더라면 지금의 나도 훨씬 행복했을지 모른다는 아쉬움뿐이다. 이는 고통 및 두려움과 뒤섞여 기본적인 기분 상태로 굳어지며 우리가 하는 모든 경험에 우중충하고 씁쓸한 그림자를 드리운다. 그리고 모든 종류의 기쁨을 약화시키거나 심지어 완전히 사그라지게도 만든다.

뿐만 아니라 지속적이고 만성적인 화와 분노는 신체의 에너지 관리에 영향을 미친다. 분노에서 비롯된 에너지가 단단하게 굳어지고, 게다가 분노를 인지하지 않기 위해 억지로 떨쳐버리려 든다면 그 과정에서 정신적 에너지가 추가로 소모된다. '물밑'에 은폐된 달갑지 않은 감정은 필연적으로 신체적·정신적 상태를 약화시킨다. 이런 메커니즘은 신체적 긴장도에서 쉽게 볼 수 있는데, 두통, 어깨 통증, 요통, 위장질환, 고혈압, 귀 울림 등은 모두 억눌린 화가 유발하는 정신·신체 증상에 속한다.

억눌린 화는 손톱 물어뜯기, 머리카락 뽑기, 과도한 여드름 짜기, 살갗 긁기, 이갈이 등의 습관에서 매우 확연히 드러난다. 입매를 찌푸리거나 턱관절을 꽉 다물고 있는 습관도 마찬가지다. 분노 에너지를 억누르느라 긴장도가 높아진 탓이다. 그러나 당사자가 이런 사실을 항상 자각하는 건 아니다.

식이장애 역시 억눌린 분노와 관련 있다. 수많은 여성이 슬픔과 고독감을 달래거나 분노를 잠재우기 위해 음식을 찾는다. 음식이 뱃속 깊숙이 도사리고 있는 불안한 감정을 가라앉혀주기 때문이다. 거식증도 감정을 통제하는 데 이용될 수 있다. 알코올과 안정제에는 두려움을 가라앉힐뿐더러 불안과 분노를 무디게 하는 효과도 있다. 짜증스러운 상황에서 "일단 맥주나 한잔 마시고 와야겠어!"라고 말하는 사람이 얼마나 많은가!

정신적 스트레스는 신경섬유를 활성화시켜 피부 등에 신경면역학적 반응을 일으킬 수 있다.[44] 피부과 전문의 겸 정신신체의학 교수 우베 길러Uwe Gieler는 자신의 저서《피부의 언어Die Sprache der Haut》에서 수많은 사례를 바탕으로 피부의 생리학적 반응 및 피부와 정신적 문제의 관련성에 관해 이야기한다.[45] 정신적 문제를 겪을 때 피부는 평소보다 예민해지며 가려움증 등의 반응을 보인다. 이때 긁으면 더 많은 생리학적 반응이 일어난다. 피부는 긁을수록 강하게 반응하기 때문에 긁어도 시원한 느낌은 아주 짧은 시간만 유지된다. 이윽고 가려움증과 긁는 행위가 독립적인 요인으로 자리를 잡고 나면 피부가 심하게 따가워진다. 두드러기와 습진도 생길 수 있는데, 특히 손과 팔 부위에 심하게 나타난다. 이를 유발한 스트레스 요인을 잊어버리거나 억지로 떨쳐버리려 하면 피부질환과 정신적 문제 사이의 관련성을 진단하기가 불가능해진다. 공격성을 끊임없이 억누르고 단 한 번도 외부로 표출하지 않은 사람은 어느 순간 더 이상 공격성 에너지를 제대로 분출하지 못하는 상태에 빠져버린다. 말하자면 이때는 우리 내부에 지속적으로 전류가 흐르는 것이나 마찬가지다.

페트라는 양손에 생긴 심한 가려움증과 습진으로 오래전부터 고생하는 중이다. 팔꿈치와 겨드랑이에 두드러기가 날 때도 있다. 두드러기를 가라앉혀보려고 피부 상태를 개선해준다는 화장품을 쓴 지도 한참이나 됐다. 그런데도 가려움증이 너무나 심해서 긁으면 해롭다는 걸 알면서도 긁을 수밖에 없다. 어머니가 아토피성 피부질환에 시달리는 걸 보고 자란 페트라는 자신의 피부질환도 선천적인 문제라고만 생각했다. 피가 나도록 긁는 일이 부지기수다 보니 딱지가 앉은 자리도 시시때때로 긁었다. 긁으면 고통스러운 동시에 알 수 없는 희열이 느껴졌는데 이 감정이 페트라에게는 수치스럽기만 했다.

얼마 전부터 페트라는 흉해진 손이 부끄러워서 감추고 다니기 시작했다. 남편이 손을 잡으려 하거나 걱정스럽게 손 상태를 살펴봐주는 것도 내키지 않았다. 손을 부끄러워하지 않아도 되는 유일한 시간은 아기와 함께 있을 때뿐이다. 어린 아들은 엄마의 손 상태가 어떤지 어차피 알지 못할 테니 말이다.

한집에 사는 시어머니는 며느리가 손을 보호할 수 있도록 빨래와 청소 등의 집안일을 점점 더 많이 대신해줬다. 그러나 페트라는 아기 돌보기만은 온전히 혼자서 하고 싶었다. 이때만큼은 시어머니가 곁에 있는 게 내키지 않았다. 가정의가 처방해준 스테로이드 연고제를 바르면 얼마간은 증상이 조금 완화되는 것 같다가도 곧 심한 가려움증을 동반한 습진이 재발하곤 했다. 어떤 날에는 몸 전체가 가려워서 신경이 날카로워졌다. 자신의 피부가 원망스러울 따름이었다. 어린 아들은 아주 건강한 피부를 타고난 것 같아 무척이나 마음이 놓였다.

페트라는 아이를 낳은 뒤 직장을 그만뒀다. 원래 다니던 직장을 그만둘 때 나중에 복귀해도 좋다는 제안을 받았지만 일단은 아이에게 집중하고 싶었다. 그리고 조건만 허락하면 아이를 더 낳을 계획이었다.

페트라는 어느덧 마흔을 바라보고 있다. 그는 서른세 살에 현재의 남편 마티아스를 만나 3년 뒤에 결혼했다. 결혼한 뒤에는 이전까지 살던 다락 층의 작은 아파트에서 나와 남편의 집으로 들어갔다. 남편은 어머니 소유의 커다란 저택에 살고 있었고, 이미 가족을 꾸린 형도 그 집에서 공간을 나눠 함께 사는 중이었다. 페트라와 마티아스에게 아이가 생기자 이들은 마티아스의 어머니와 거주공간을 바꿨다. 어머니는 마티아스가 지내던 맨 위층의 작은 공간으로 옮기고 정원이 딸린 1층의 큰 공간을 마티아스와 페트라에게 내줬다. 마침내 정원을 갖게 된 페트라는 무척이나 기뻤다. 그리고 훗날 아이가 정원에서 그네를 타고 모래놀이를 하는 모습을 상상하며 즐거워했다. 혼자였더라면 그토록 멋진 집에 산다는 건 꿈도 못 꿨을 것이다. 이런 주거환경을 마련해준 시어머니에게 감사할 따름이었다.

그러나 당시 페트라는 시어머니가 그토록 자주 은혜를 베풀면서 그 대가로 감사의 마음 이상을 기대하게 되리라고는 미처 생각지 못했다. 물론 시어머니는 그런 말을 한 번도 입 밖에 내지 않았지만 페트라는 그가 적잖은 배려와 보답을 요구한다는 느낌을 받았다. 가령 시어머니가 장바구니를 들고 끙끙대며 계단을 올라갈 때면 죄책감이 들어 황급히 달려가 짐을 건네받아야 했다. 그리고 시어머니는 습진으로 고생하는 며느리의 일손을 덜어주려 큰 노력을 기울였다. 마치 두 사람이 누가 더 많이 돕는가를 두고 경쟁이라도 벌이는 모양새였다.

페트라는 어느덧 시어머니를 피하게 됐다. 가사에 도움이 절실

했음에도 시어머니의 지원을 받기가 어쩐지 거북했다. 시어머니는 며느리가 바쁘거나 휴식을 필요로 할 때 가사를 거들고 손주를 돌보는 일이 무척이나 즐겁다고 항상 강조하곤 했다.

시어머니가 자신의 주방에 점점 더 자주 드나드는 게 탐탁찮았지만 페트라는 아무 말도 하지 않았다. 돕겠다는 사람에게는 고마워하는 게 도리 아닌가. 게다가 남편까지 이렇게 좋은 집을 내주고 지원까지 아끼지 않는 어머니와 함께 사는 걸 감사히 여겨야 한다고 항상 강조했다.

어느 날 저녁, 긁힌 자국투성이인 페트라의 손을 보고 마티아스가 상태가 너무 심각한 것 같다고 말하는 순간, 페트라는 무너지고 말았다. 별안간 견딜 수 없을 만큼 지독한 가려움증이 밀려왔다. 페트라는 침실로 숨어들어 피가 나도록 손을 긁고 또 긁었다. 그러는 자신이 증오스러울 지경이었다. 며칠 뒤 더 이상 안 되겠다고 판단한 그는 가정의를 찾아갔다. 그리고 생활이 전반적으로 어떤지 묻는 의사의 말에 자기도 모르게 울음을 터뜨렸다. 의사는 긴 시간을 할애해 페트라의 현재 상황에 관해 자세한 상담을 해줬다. 이 문제가 언제부터 시작되었느냐는 물음에 페트라는 남편의 집으로 이사 온 직후부터였다고 대답했다. 마티아스와의 관계는 좋았지만 이제 와 돌이켜보니 시어머니에 대해서는 매우 이중적인 감정이 들었다는 걸 깨달았다. 가정의는 이 문제에 관해 남편과 이야기해보라고 권했다.

이후 페트라는 몇 차례 남편과 대화를 시도했다. 그러나 중간에 다른 일이 생기는 바람에 대화는 매번 무산됐다. 아기가 보채거나 마티아스가 너무 피곤하거나, 심지어는 대화하려는 찰나에 남편이 꼭 보고 싶어 하던 스포츠 중계방송이 막 시작된 적도 있다. 가려움증은 점점 더 심해졌다. 또다시 가정의를 찾아가자 의사는 심리치료사를 찾아가보라고 권했다. 페트라가 겪는 주요 문제의 이면에 심리적 위기가 숨어 있다는 이유에서였다. 의사의 말을 듣고 찾아간 심리치료사는 페트라가 처한 상황을 전적으로 이해해줬다. 페트라는 고민거리를 죄다 털어놓고 마음껏 눈물을 흘렸다. 이후 가려움증은 일시적으로 나아지는 듯했으나 완전히 사라지지는 않았다.

자신이 겪는 위기의 원인, 즉 시어머니에 대한 화를 좀처럼 인지하지 못하던 페트라는 심리치료사의 도움을 받고서야 조금씩 화를 받아들일 수 있게 됐다. 시어머니뿐 아니라 남편을 향한 분노 역시 적잖이 쌓여 있었다는 사실도 드러났다. 매번 어머니 편을 들며 페트라를 설득하려 드는 남편 때문에 페트라는 늘 소외된 기분이 들었다.

심리치료를 통해 페트라는 누군가에게 은혜를 입었다고 해서 그에게 화내는 게 금지되는 건 아님을 배울 수 있었다. 이 새롭고도 놀라운 깨달음은 그를 홀가분하게 만들어줬다. 어느 날 밤 그는 시어머니가 사다리에서 떨어져 팔이 부러지는 꿈을 꿨다. 땀에 흠뻑 젖은 채 잠에서 깨어나자 다시금 극심한 가려움증이 찾아왔다. 시어머니에게 그런 일이 벌어지기를 내심 바라고 있었던가? 페트라는 또다시 죄책감에 시달렸다. 그러나 꿈에서처럼 팔이 부러진다면 시어머니가 가사에 간섭하지도 못할 거라고 생각하니 피식 웃음이 나왔다.

페트라는 심리치료사에게 꿈 이야기를 한 뒤 자신의 생각과 감정을 자세히 털어놨다. 시어머니와 거리를 두고 명확한 타협안을 마련하고자 하는 자신의 욕구가 얼마나 강했는지 이제야 비로소 스스로도 실감할 수 있었다. 얼마간 마음의 준비를 한 페트라는 용기를 내 시어머니와 대화를 시도했다. 남편이 동석하는 건 원치 않았다. 대화 전날 저녁에는 극심한 가려움증이 일었고, 대화하는 동안에는 심장이 세차게 뛰었다. 그래도 페트라는 시어머니와 좋은 관계를 유지하고 싶었고, 그러려면 확실히 이야기를 해둘 필요가 있었다. 이런 동기가 페트라에게 용기를 북돋아줬다.

페트라가 느끼는 감정과 명확한 타협안에 대한 바람을 전해들은 시어머니는 매우 놀라는 동시에, 지금껏 집안에 감돌던 미묘한 긴장감을 해소할 수 있게 된 데 안도하는 기색이었다. 그로부터 며칠이 채 지나지 않아 가려움증이 줄어드는가 싶더니 2주일 뒤에는 습진이 거의 사라졌다. 페트라는 상한 피부를 정성 들여 돌보며 스스로에게 질문을 던졌다. 나는 무엇인가 혹은 누군가에 대해 화가 나는가? 내가 정말 원하는 것은 무엇인가? 그것을 위해 나는 무엇을 할 수 있는가? 화를 억지로 떨쳐버리지 않고 스스로를 중요하게 여기는 법을 배운 것이다.

받아들여지지 않거나 해소되지 못한 분노는 다양한 방식으로 신체 내에 자리 잡고 있다가 정신신체질환의 양상으로 다시금 그 실체를 드러낸다. 우리가 스스로를 돌볼 수 있도록 이처럼 신호를 보내는 것도 인간의 신체가 지닌 일종의 지혜인 셈이다. 이 지혜를 활용하려면 각자 몸에 세심한 주의를 기울이고 몸이 보내는 암호를 해독할 준비가 돼 있어야 한다.

화-그리고-나

- 나는 내 신체를 얼마나 잘 느낄 수 있는가? 스스로 낯설게 느껴지는 부위가 있는가?

- 나는 내 신체에 얼마나 귀를 잘 기울이는가? 몸이 보내는 신호를 진지하게 받아들이고 그에 잘 대처하는가?

- 의학적으로 뚜렷한 원인을 밝힐 수 없는 질환이 특정한 신체 부위에 자주 발생하는가?

- 화를 표출하지 않고 억지로 삼켜버리는 일이 잦은가?

- 나의 신체적 약점은 무엇인가? 다시 말해 내 신체는 스트레스와 내적인 부담을 마주했을 때 어떤 반응을 가장 자주 보이는가?

- 신체가 화에 반응하는 방식에 명확한 패턴이 있는가?

- 어떤 일이 이를 악물게 만드는가?

- 이성을 잃을 정도로 화가 날 때가 있는가? 그렇다면 무엇이 나를 그만큼 흥분하게 만드는가?

- 언제 화를 억누른 채 술이나 담배, 음식으로 이를 달래는가?

- 얼굴, 머리카락, 손톱 거스러미 등을 잡아 뜯거나 손톱을 물어뜯는 습관이 있다면, 어떤 상황에서 이런 행동을 가장 자주 하는가? 할 수만 있다면 누구에게 이 행동을 하고 싶은가? 내 화가 향하고 있는 실제 대상은 누구 또는 무엇인가?

- 잠자리에 누워 그날 일어난 일을 떠올리며 분개하느라 잠을 이루지 못할 때도 이따금 있는가?

어울리지 않는 순간
터져 나오는 분노

어떤 여성에게는 감당할 수 없을 정도로 강력한 분노가 반복적으로 들이닥치는데, 이는 당사자에게 매우 큰 고통을 준다. 강한 분노 자체보다 분노의 결과, 즉 분노에 대한 주변 반응에 대처하는 것이 더욱 큰 부담일 때도 종종 있다. 이들은 본의 아니게 주목을 받고, 주변 사람이 자신을 피하거나 반격을 가해오는 것을 감지한다. 상대방이 똑같은 강도의 분노로 반격해오면 갈등은 한층 첨예해진다. 다툼이 빚어지고 어느 쪽도 지지 않으려 든다. 분쟁이 난투극으로 이어질 때도 있다.

이처럼 정체돼 있던 에너지가 폭발한다고 해도 그로써 문제가 해결되지는 않는다. 베레나 카스트는 화의 의미에 관한 자신의 저서에서 "강력한 분노가 생산적인 경우는 드물다" 라고 이야기한다.[46] 여성은 분노를 폭발시킨 뒤 흔히 죄책감과 수치심을 품고 자신이 저지른 일을 후회할 때가 많다. 그리고 누군가에게 고함을 치거나 상처를 준 데 크게 괴로워한다.

분노 폭발은 흔히 즉흥적이고 충동적으로 일어난다. 사소한 일도 이를 촉발하기에 충분하다. 일상에서 스트레스를 많이 받고 과도한 부담을 짊어졌다면 분노가 폭발할 가능성도 커진다. 그러나 분노 폭발에 관한 이야기는 흔히 금기시된다. 부끄러운 마음에 아예 입을 다무는 것처럼 보이기도 한다. 상대방에게 사과하면 마음이 약간 가벼워질지 모르지만 보통 그런 감정은 오래가지 않는다.

욱하고 터지는 분노는 대부분 당면한 상황에 걸맞지 않게 과도한 양상을 보인다. 또한 뚜렷한 목적이 있다기보다는 그저 내적인 긴장감을 해소하는 데 이용된다. 끓어오르는 데 골몰해 있다 보면 분노를 잠재우려는 온갖 노력도 소용없게 되며, 설령 그 노력이 효과를 발휘한다 해도 일시적인 데 그

치고 만다. 성마른 사람은 가족을 지속적인 긴장 상태로 몰아넣기 쉽다. 상황이 이렇다 보니 '희생자들'은 그가 분노할 여지를 만들지 않으려 심혈을 기울인다. 다시 말해 언성을 높이거나 너무 많은 것을 바라거나 그를 자극하지 않으려 끊임없이 신경을 곤두세운다. 간혹 '희생자들'에게 죄가 뒤집어씌워지기도 한다. "당신이 그렇게 하지 않았더라면 내가 당신 때문에 이렇게 화낼 일은 없었을 거 아냐!"라는 식이다.

그러나 분노 폭발의 책임은 분노하는 사람 자신에게 있다. 그런 사람은 해소되지 않은 갈등과 스트레스를 품고 있으며 분노에 대처하는 방식 자체에도 결점이 많다. 분노의 밑바탕에 깔려 있는 극복되지 못한 문제는 흔히 다른 사람에게 이해받지 못했던 경험과 누적된 실망, 고독, 무력감, 때로는 절망과도 관련이 있다.

화를 낼 때는 무엇보다 맥락과 강도가 중요하다. 타인이 납득할 수 있는 맥락에서 적절한 강도로 표현되는 화만이 건설적인 해결책을 찾게 해준다. 상황과 아무런 관련이 없는 제삼자에게 다분히 우연적으로 화가 분출되면 시간적·상황적·개인적 맥락이 결핍된 탓에 화를 건설적으로 활용할 수 없다. 소통이 빠진 공격성은 장기적으로 파괴적인 결과를 낳는다. 그리고 마지막에 가서는 외부를 향한 폭력 또는 자기 파괴로 귀결된다. 요아힘 바우어에 따르면 일상적인 폭력은 "인격 존중 거부, 명예훼손, 또는 체면 손상과 두드러지게 맞물려"[47] 있다. 공격성은 해독을 바라는 경고 암호다. 따라서 분노와 공격성을 그저 없애기보다는(어차피 불가능한 일이기도 하다) 이해하는 데서 해결책을 찾아야 한다. 이때 중요한 건 그 이면에 어떤 결핍과 고통이 숨어 있는지 밝히는 일이다.

분노의 이면 살피기

욱하는 성향을 지닌 여성은 알고 보면 욱하는 아버지나 어머니 슬하에서 성장한 경우가 많다. 그러나 이런 성미는 유전되는 게 아니라 학습된다. 이를 '사회적 전승'이라고 부를 수도 있다. 가령 욱하는 부모 아래서 자란 여자아이는 건설적이고 적절하게 화와 분노에 대처하는 방법은 물론, 화가 '폭발'하지 않도록 억누르고 삼키지 않는 방법도 배우지 못한다. 분노의 폭발은 아이에게 매우 큰 두려움을 일으킨다. 정확한 상황도, 분노의 메커니즘도 이해하지 못하는 아이는 분노를 자기 자신과 자주 연관 짓는다. 다시 말해 자신이 뭔가를 잘못했다고 느끼는 것이다. 설상가상으로 "그러게 왜 엄마를 화나게 하니?"라든지 "네가 그렇게 행동할 때마다 속이 부글부글 끓어!" 등의 비난이 더해지면 아이의 죄책감은 한층 강해진다. 어린 여자아이는 이런 과정을 거치는 동안 물러서는 방법을 학습한다. 부모의 분노로부터 스스로를 보호하기 위해 화를 삼켜버리고 조용하고 고분고분하게 행동하는 것이다. 그러면 이때 아이들이 억누른 화는 과연 어떻게 될까?

이에 더해 아이는 부모의 파괴적인 말을 가슴속 깊이 새긴다. 부모에게 비하를 당한 소녀는 성인이 돼서도 스스로를 평가 절하하고 자신을 부족한 사람이라고 단정한다. 이로써 악순환이 시작된다. 깊은 열등감은 한편으로는 우울증으로, 다른 한편으로는 폭력으로 발전해 당사자에게 희생자와 가해자 역할 두 가지 모두를 덧씌운다. 그렇다고 분노와 분개를 악한 것으로 단정 지어야 하는가? "화와 폭력적인 행동은 사회적 차원에서 인지되지만 그 밑바탕에는 존재론적 뿌리가 숨어 있다. 이러한 사실로 인해 우리는 결정적인 선택에 직면한다. '나는 이 행동방식을 도덕적 차원에서 마주하고자 하는가, 아니면 존재론적 차원에서 마주하고자 하는

가?'"⁴⁸

화와 분노가 공격적이고 폭력적인 행동방식으로 변질될 때는 관용을 베풀어선 안 된다. 그러나 이때 절대적으로 중요한 점은 분노조절에 실패했다는 사실에 의거해서 당사자의 인격 전체를 평가하기보다는 그 행동에만 초점을 맞춰야 한다는 것이다. 분노의 이면에 어떤 존재론적 위기가 도사리고 있는지 살피는 것도 마찬가지로 중요하다. 분노 폭발은 이러한 위기를 발견하고 그에 대한 조치를 취해야만 사라진다. 다만 이를 달성하기까지는 긴 시간이 필요하며 심리치료가 뒷받침돼야 할 때가 많다.

화-그리고-나

• 내게도 과도한 분노와 욱하는 성향이 있는가?

• 특히 이를 급속도로 일으키는 상황이나 사람이 있는가?

• 나는 그 이면에 숨어 있는 위기와 실망감을 추측하거나 감지하는가?

• 나는 부모 및 선대의 해소되지 못한 분노를 물려받았는가?

• 나의 내면에는 폭력 잠재성이 도사리고 있는가? 그렇다면 그 잠

재성이 어떤 종류인지도 인지할 수 있는가?

- 나 자신의 폭력성을 제때 파악하고 자신과 타인을 그로부터 보호
하기 위한 전략을 갖추고 있는가?

4장

쫓고 쫓기는
드라마 삼각형 걷어차기

희생자와 구원자는 서로를 보완한다.

그러나 이 둘은 어느 순간

드라마 삼각형의 세 번째 역할,

즉 추격자로 변해서 상대방을 탓하고 질책한다.

희생자, 구원자,
추격자의 악순환

다른 사람 때문에 커다란 고통과 실망을 경험하고 나면 상대방에게 이를 되갚아주고자 하는 욕구가 발생한다. 복수를 향한 갈망이다. 이럴 때 우리는 우연을 가장하거나 눈에 띄지 않게 미움의 대상에게 보복하는 방법이 뭔지, 그에게 어떤 불운이 닥쳐야 내가 겪는 고통을 그도 똑같이 느낄지 궁리한다.

복수심에는 자신이 겪은 괴로움을 보상받고자 하는 심리, 상대방이 고통을 받으면 내 기분이 나아지리라는 주술적 관념이 깃들어 있다. 또한 정의감도 숨어 있다. 양측이 모두 고통을 받는다면 적어도 두 사람 사이에 존재하는 화와 고통이 균형을 이루기 때문이다.

이때는 단순한 환상과 실제 행동을 구별하는 게 중요하다. 정의감 옹호는 옳지만 복수의 이행은 그렇지 않다. 우리는 복수심을 불의가 발생했음을 알리는 신호로만 파악해야 한다. 현실에서 복수에 대한 환상을 실행하면 보통 갈등만 증폭되는 결과를 낳는다. 복수와 인과응보가 어떤 일을 야기하는지는 이미 날마다 뉴스로 보고 있지 않은가. 복수하고 싶다는 환상이 일어날 때는 잠시 마음을 가다듬으며 실망감을 극복하는 데 진정으로 도움이 되는 게 무엇일지 천천히 생각해봐야 한다. 일시적으로 복수에 대한 약간의 환상을 허용하되, 이후에는 우리가 받은 상처를 좀 더 생산적인 방식으로 돌봐야 한다. 무엇이 우리에게 진정 유익한가? 복수를 꿈꾸는 것보다 나은 방법은 무엇인가? 스스로를 진정시키고 위로하거나 위로받기 위해서 무엇을 할 수 있는가?

복수에 대한 환상을 품는다고 해서 그 사람이 본래 '악한' 건 아니다. 그러나 문제를 해결할 방법을 찾을 어떠한 노력도 하지 않은 채 오랫동안 그런 생각에만 골몰해 있다가는 악한 마음이 내면에 둥지를 틀게 된다. 그러고 나면 이 환상은 나름의 생명력을 얻어 자꾸만 '튀어나와' 해묵은 화로 우리를 자극할 수 있다. 복수심을 비윤리적이고 악한 것으로 규정하고 자신이 품은 복수심을 수치스러워하기보다 선입견 없이 이 감정을 인지하고 올바르게 해소하는 게 중요하다.

신뢰할 만한 사람이나 친구에게 이런 환상을 털어놓으면 매우 큰 도움이 되며, 이는 절대적으로 필요한 일이기도 하다. 일단 털어놓고 나면 환상의 해로운 기운은 사라진다. 화난 감정에 관해서도 최소한 일부나마 대화를 나누는 게 좋은데, 그 뒤에 숨은 실망감을 상대방에게 이해받기까지 한다면 금상첨화다. 중요한 건 우리 내면 깊숙이 분노와 피해의식을 일으키는 것이 무엇인지 파악하고 누군가 진심으로 내 이야기에 귀를 기울인다는 사실을 인지하는 것이다.

이렇게 누군가에게 진지하게 받아들여지고 나면 소용돌이치던 분노와 복수심이 대개는 다소 잠잠해진다. 그 뒤에는 자기 자신과도 다시금 더 많이 조우할 수 있다. 복수심을 품고 있는 동안에는 상대방과의 접촉에 더 많은 비중을 두게 되지만, 이제 다시금 자기 자신과 자신에게 필요한 것이 중요해진다. 그러면 자신의 내면에 귀를 기울이고 믿음직한 사람과 대화를 나누며, 우리 자신의 안위를 위해 무엇을 해야 하는지, 계속해서 싸움을 해나갈 필요가 있는지, 혹은 무엇을 포기하고 무엇을 놓아버려야 할지도 숙고할 수 있다. 화 쿠폰이 많이 모였거나 뜻밖에 큰 실망감을 맛본 뒤에 이를 인정하려 들지 않으면 화는 우리 내면을 파먹고 그 안에 둥지를 튼다. 화난 감정을 못 본 체하고 미뤄둘 때도 마찬가지다. 화를 무시하면 기본적인 기분 상태가 침울해지고 인지에도 영향을 받게 된다.

친구들은 티나가 걱정스러웠다. 티나는 2년 전쯤부터 점점 더 침울해지고 있다. 남은 물론이고 자기 자신을 향해 조소하거나 냉담한 태도를 취할 때도 잦아졌다. 쉰두 살이 된 티나는 남편과 함께 어느 소도시에 살고 있다. 슬하에는 두 명의 자녀가 있다. 아들은 대학을 졸업한 뒤 미국에 좋은 직장을 얻었다. 딸은 태어날 때부터 중증 시각장애를 앓고 있어 티나의 보살핌이 많이 필요하다. 티나의 남편은 법원에서 중요한 직위를 맡고 있는 판사다. 티나의 어머니는 기나긴 암 투병 끝에 약 3년 전에 세상을 떠났다. 티나의 언니가 어머니를 집으로 모셔간 뒤 숨을 거둘 때까지 간병했다. 장애가 있는 딸을 돌보는 것만으로도 부담이 컸던 티나는 이를 다행으로 여겼다. 어머니와의 관계도 워낙 좋지 않았다. 어머니가 티나네 집을 방문했다가 돌아가고 나면 항상 마음이 홀가분했다. 그럼에도 어머니를 영영 떠나보내는 건 티나에게 견디기 어려운 일이었다. 아버지도 이미 돌아가셨기에 더욱 그랬다. 아버지는 티나가 간호조무사 교육을 받고 있을 때 이미 세상을 떠났다.

어머니가 돌아가신 뒤 처음에는 티나도 무척이나 슬펐지만, 드디어 어머니가 고통에서 벗어났다고 생각하면 한편으로 마음이 놓이기도 했다. 그러나 유언장이 공개되면서 티나는 또 한 번 충격에 휩싸였다. 어머니가 자신을 돌봐준 큰딸을 단독 상속자로 지정했기 때문이다. 티나에게는 법정 상속분만 주어졌다. 언니는 어머니를 돌보는 동안에도 돈을 많이 받았기 때문에 티나는 이 일을 부당하게 느꼈다. 세상이 무너지는 것 같았다. 별안간 그는 자신이 전혀 사랑받지 못했다고 느꼈다. 언니에게 화가 난 티나는 언니가 어머니를 구슬려 자기에게 유리하도록 유언장을 작성하게 만든 위선자라고 생각했다. 장례식 때만 해도 언니에게 깊은 친밀감과 유대감을 느꼈는데, 뒤늦게야 그 친밀감이 착각이었다는 생각이 들었다. 언니가 그저 양심의 가책 때문에 자신에게 그토록 상냥하게 굴었던 건 아닐까? 어쨌거나 티나는 그랬기를 바랐다.

상속 문제는 남편과 대화할 때도 화젯거리였다. 남편은 돈이라면 자신이 충분히 벌고 있으니 걱정할 것 없지 않느냐고 달래며 아내를 진정시키려 애썼다. "우리가 잘 산다는 게 가장 중요한 일이야. 훌륭한 아이가 둘이나 있고 우리가 서로 사랑하니 더 바랄 게 없잖아." 티나는 그가 자신을 이해하지 못한다고 느꼈다. 언니를 향한 분노는 점점 커져만 갔다. 그래도 언니에게 적개심을 품어서는 안 된다는 생각에 분노를 잠재우려 애썼다. 언니도 어쩔 수 없었을지 모른다. 아니지, 어찌해볼 수도 있지 않았을까?

티나는 이제 잠도 제대로 이루지 못한다. 과거의 기억이 끊임없이 되살아나는 탓이다. 언니는 과연 자신을 좋아했을까? 아니면 애초부터 '귀염둥이 동생'에게 항상 질투를 품었던 건 아닐까? 그래서 언니와 함께 어머니의 유품을 정리하면서 은밀히 언니의 행동을 주시했다. 옛 사진들을 함께 들여다볼 때면 언니가 하는 말 한 마디 한 마디에 온 신경을 곤두세우며 거부감이 담긴 말을 짚어냈다. "너는 늘 특별하고 싶어 했지", "너는 항상 엄마에게 우리 둘 중에 누구를 더 사랑하느냐고 물었어!" 등이 그랬다. 자신이 언니를 미워하는 건지, 아니면 언니가 자신을 미워하는 건지 분간이 가지 않을 때도 있었다. 언니와의 사이에는 늘 커다란 거리감이 느껴졌다. 유언장 이야기는 꺼낼 엄두도 나지 않았다. 묵은 화가 너무나 깊어서 자칫 언니에게 들키거나 눈물이 터지지는 않을까 전전긍긍했다. 언니 앞에서 그런 행동만큼은 하고 싶지 않았다.

티나의 남편은 이 비극적인 일련의 일을 전혀 이해하지 못했다. 심지어 티나가 보기에 남편은 언니 편이고, 언니에게 유산이 돌아간 것도 정당하다고 생각하는 것 같았다. 티나는 점점 더 자신을 봐주고 이해해주는 사람이 없다고 느끼게 됐다. 언니가 유산을 물려받은 걸 못마땅하게 여기는 데 죄책감도 들었다. 티나는 차츰 어머니와 언니, 남편 그리고 운명까지도 자기편이 아니라고 여기기 시작했다. "다들 나한테는 어떻게 해도 괜찮을 거라고 생각하는 것 같아요. 어쩌면 내게 부족한 부분이 있는지도 모르죠. 난 항상 모두를 위해 뭐든 했는데도."

어머니의 사망 이후 몇 년 사이에 티나는 술을 점점 더 가까이하게 됐다. 적당량에서 그치지 않을 때도 많았다. 그러고 난 다음 날이면 양심의 가책에 시달렸다. 그 일을 털어버리지 못하는 자신을 질책하기도 했다. 친구들은 티나를 즐겁게 해주고 진정시켜주려 애썼다. 어째서 티나가 그 일에 대해 언니와 터놓고 대화를 나누지 않는지 친구들은 의아해했다. 그가 예전 같지 않게 스스로를 타인과 비교하거나 시기심을 표출하는 모습도 자주 눈에 띄었다. "요전에 보니 아무개 여사가 번드르르한 스포츠카를 뽑았던데, 두둑한 유산이라도 받은 모양이야." 그가 유산 문제를 들먹이며 끝없이 한탄을 늘어놓는 데 질린 한 친구는 아예 교류를 끊어버렸다. 티나가 울화를 못 이겨 걸핏하면 냉소적인 말을 내뱉는다는 게 이유였다.

정신적 스트레스를 해소하기 위해 티나는 조깅을 시작했다. 처음에는 일주일에 두 번, 나중에는 날마다 조깅을 했다. 조깅을 하고 나면 기분이 좋아지고 에너지도 모두 소진된 느낌이었다. 몸이 피곤하니 화를 내고 있을 기운도 없었다. 언니와의 연락은 그새 최소한으로 줄어들었다. 대화를 나누자는 언니의 말은 모조리 묵살해버렸다. 지난 삶을 되돌아보자니 부정적인 측면이 유난히 눈에 띄었다. 현재 생활도 대개는 불만족스럽게 느껴졌고 앞으로 더 나아지리라는 기대도 들지 않았다. "뒤통수 맞는 사람은 늘 있기 마련이고, 내가 바로 그 장본인이 된 거죠."

울분에 젖어 있다 보니 부부관계도 점점 나빠졌다. 남편은 어느 날 티나의 부정적인 변화 때문에 그를 대하기가 너무나 어렵다고 털어놨다. 그의 곁에 남아 있던 두 친구도 진지하게 이야기를 꺼내며 심리치료를 권했다. 제삼자의 눈에는 티나가 어머니의 죽음과 상속에서 제외된 일을 감당하지 못해 울분이 쌓인 것으로 보였다.

티나는 남편과 친구들마저 잃을지 모른다는 커다란 두려움에 휩싸여 그들의 제안을 받아들이고 심리치료사를 물색했다. 여자가 아닌 남자 치료사여야 한다는 게 조건이었다. 치료사는 참을성 있는 조력자가 되어 티나의 울분 뒤에 묻혀 있던, 애써 떨쳐버렸던 고통스러운 감정을 다시금 느낄 수 있도록 도왔다. 티나는 자신의 고통을 직시하고 그런 자신을 있는 그대로 받아들이며, 언니와 세상을 떠난 어머니를 향해 품고 있던 분노를 인정하는 법을 배웠다. 그리고 서서히 그로부터 벗어나 주위의 위로를 받아들일 수 있게 됐다. 남편의 애정에도 다시금 마음의 문을 열었다. 이제 남은 문제는 언니와의 관계를 어떻게 회복할지뿐이다.

위 사례에서 우리는 수용되지도 해소되지도 못한 고통과 그로 인한 분노가 얼마나 깊게 뿌리내릴 수 있는지를 목격할 수 있다. 세상의 불의, 타인의 악함에 관한 끊임없는 불평과 한탄은 한 인간을 잠식하고 희생양 역할에 고착되게 만든다. 푸념 섞인 한탄은 주변의 주의를 어느 정도 끄는 데는 유용하지만 진정한 해결책을 찾는 데는 도움이 되지 않는다. 탄식과 불평을 늘어놓음으로써 우리는 문제해결의 책임을 외부, 즉 환경조건이나 다른 사람에게로 미뤄버린다. 더불어 무의식적으로 계속해서 쿠폰을 수집하고, 인지방식에 변화가 생기며 긍정적인 면을 보지 못하거나 곡해하게 된다. 기대된 화, 다시 말해 어떤 일이 또다시 나쁜 방향으로 흘러가거나 분한 일이 벌어지리라는 상상이 선행되는 경우도 흔하다. 예 컨대 티나는 언니를 만난다는 생각만 해도 지레 화가 치밀곤 했다.

어떤 사람은 괴로움과 분노를 느끼지 않기 위한 탈출구로 비꼬는 투와 냉담한 태도를 택한다. 냉소적인 태도는 자기 자신으로부터 거리를 둠으로써 스스로를 온전히 느끼지 않게 해준다. 이는 '울분장애'[49]로 발전할 수 있다. 두려움은 영혼을 좀먹는다. 해소되지 않은 분노도 마찬가지다. 울분에 사로잡혀 있는 사람에게는 그를 애정 어린 태도로 감싸주는 환경이 필요하다. 가족은 이로 인해 스트레스를 받는 경우가 많은데 이때는 상담이나 심리치료가 특히 도움이 된다. 고통으로부터 달아나고 싶은 마음이 간절할지라도 자신의 울화를 면밀히 들여다보는 게 좋다. 달아나려고 들면 고통은 더욱더 영혼 깊이 파고들 뿐이다.

자신을 환경이나 타인의 피해자로 여기며 신세 한탄하는 것은 희생자 역할과 전형적으로 맞물려 있는 이른바 '학습된 무력감'의 징후다. 학습된 무력감에 빠진 사람은 자신에게 삶을 통제할 능력이 없다고 굳게 믿는다. 자기 삶이나 그 일부분에 어떠한 긍정적인 영향력도 발휘할 수 없다고 여긴다. 어떤 사람이 스스로를 보잘것없고 무기력하고 무지하고 나약하다고 생각하며, 난관을 극복할 수 있는 자신의 능력을 간과하거나 부정할 때 '희생자 역할'이라는 말을 쓴다. 이때 희생자는 다른 누군가가 자신을 부축해 일으키고 문제를 해결해주기를 기대한다.

구조를 요청하는 크고 작은 외침을 통해 그는 도와줄 사람, 즉 '구원자'를 불러들인다. 그러면 구원자 역할에 혹한 사람들이 달려간다. 청하기도 전에 도움의 손길을 내미는 경우도 많다. 이들은 자신이 뭐든 잘 안다고 여기기 때문에 조언해주는 것을 좋아한다. 그러나 이는 희생자를 미숙하고 보잘것없는 존재로 간주하는 일밖에 되지 않는다. 희생자와 구원자는 이른바 '드라마 삼각형'[50]의 두 가지 구성요소다. 교류분석 이론의 일부인 이 개념은 문제해결을 시도하는 과정에서 서로 얽히고설키면서 관계의 드라마를 만들어내는 세 가지 전형적인 역할에 관해 설명한다.

먼저 희생자 역할과 구원자 역할은 각각 약한 사람과 강한 사람으로서 서로를 보완한다. 다만 인간관계는 고정불변이 아니므로 이들도 변할 수 있다. 어느 때가 되면 자신의 역할에 싫증이 난 희생자는 "당신은 항상 나를 못난이 취급해!", "당신도 내게 도움이 되지 않아"라고 말하기도 한다. 반대로 구원자에게서 돕고 싶은 마음이 사라지는 경우도 있다. 이때 이들은 "당신은 내가 뭐든지 해주기만 바라지" 또는 "당신은 도움을 줘도 받으려고 하지 않잖아!", "세상에는 염치없는 사람이 이렇게 많다니까. 기껏 도와줬더니 당신은······"이라고 질책한다. 그 뒤 희생자와 구원자는 모두 드라마 삼각형의 세 번째 역할로 돌입한다. 바로 고발자 혹은 추격자로 불리는 역할이다. "당신이 무슨 일을 벌였는지 한번 봐!", "당신 아무리 해도 안 돼!", "도대체 몇 번을 말해야 알아들어?" 등은 추격자가 사용하는 전형적인 표현이다.

관련 당사자는 이 세 가지 역할을 이리저리 연극하듯 넘나든다. 이때는 다른 감정도 얽혀 있겠지만 분노가 항상 큰 영향을 미친다. 세 역할 모두 적절한 해결책을 찾지 못하기는

희생자, 구원자, 추격자의
드라마 삼각형에 빠지면
이 역할을 빙빙 돌면서
분노가 증폭된다.

매한가지인데, 그 이유는 이들이 자신의 욕구를 충족시키는 데 타인을 교묘히 이용하기 때문이다.

화-그리고-나

- 내게는 희생자와 구원자 역할 중 어떤 쪽이 익숙한가? 나는 특히 어떤 역할에 끌리는가?
- 한탄하는 사람의 역할이 매우 위력적으로 느껴진다는 사실을 스스로 인지할 수 있는가?
- 나는 복수에 대한 환상을 잘 알고 있는가?
- 이따금 내적인 만족감을 얻기 위해 이 환상을 즐기는가?
- 불의를 당했을 때 상황을 극적으로 몰아가는 대신 스스로를 위로하거나 누군가에게서 위로를 구할 수 있는가?
- 복수에 대한 환상을 놓아버리고 갈등해결에 에너지를 투입할 수 있는가?
- 나는 내 욕구를 명확하고 직접적으로 표현하는가?

화를 참고 화목한 척하거나,
화를 내고 죄책감을 느끼거나

여성은 사회화 과정에서 가족이나 배우자의 욕구에 주의를 기울이는 법을 학습하며, 어린 자녀를 둔 어머니라면 아이가 뭔가를 필요로 할 때 '호출'에 곧장 응하는 일에 너무나 익숙할 것이다. 안타깝게도 배우자가 이런 '상시대기' 상태를 이용할 때도 많다. 이런 상황은 여성으로 하여금 자신의 욕구를 제대로 파악하기는커녕 인지하기조차 어렵게 만든다. 끊임없이 무슨 일이 생기고 누군가는 뭔가를 늘 필요로 하기 때문이다. 자신이 지금 정말로 하고 싶은 것이 뭔지 생각해봐야 아무 소용없는 경우도 흔하다. 어차피 자유시간도 없다. 자신의 욕구 충족은 대개 '아이가 잠든 뒤'나 주말, 방학 때

등으로 미뤄진다. 심지어 아이가 다 큰 뒤로 한없이 유예되기도 한다. 그러나 아이가 충분히 컸을 때란 언제인가? 열 살, 열다섯 살, 스무 살, 아니면 서른 살?

욕구가 충족되지 않았다는 좌절감을 맛보지 않으려면 아예 자신의 바람을 인정하지 않는 편이 나을 때도 있다. 그러나 인지 결핍과 욕구 충족의 실패는 사랑하는 이들을 돌보느라 가중된 부담과 피로로부터 당사자를 지켜주지 못하며, 오히려 이로 인해 스트레스와 무의식적인 신경과민만 유발되기 쉽다. 일상에서 벌어지는 사소한 말썽에 나도 모르게 자꾸만 불평을 늘어놓는다면 화가 허용되지 않고 있다는 징후일 수 있다. 똑같은 일을 겪는 사람들과 모여서 푸념을 하면 마음의 짐이 일시적으로 덜어질지 몰라도 근본적인 문제는 해결되지 않는다. 가령 두 엄마가 만나서 신세 한탄을 하다 보면 서로의 불만에 한층 힘이 실릴 뿐이다. 이런 식으로 두 사람은 자신이 얼마나 중요한 존재인지를 확인한다. "돌본다는 건 낡아빠진 여성성의 표본을 매력적으로 보이게 만드는 사탕과도 같다. 돌봄은 언제나 희생과 관련 있다. 돌보는 사람은 도덕적으로 공격당하기 어려운 입지를 점한다."[51]

이렇게 여성들은 드라마 삼각형에 갇혀버린다. 이들은 남을 돌보는 진정한 구원자지만, 시간이 얼마쯤 흐르면 기진맥진한 채 착취당했다고 느끼며 스스로를 가정의 희생자로 여긴다. 그러고 나면 자기 입지를 추격자 역할로 바꾸게 된다. 이런 경우는 드물지 않다. 대개는 너무 많은 것을 요구하는 자녀, 마찬가지로 너무 많은 것을 바라거나 스스로 뭔가를 별로 하지 않는 배우자에게로 화살이 향한다.

다른 모든 이를 챙기려는 행동모델로 인해 여성은 자꾸만 되돌아오는 문제의 나선에 갇혀버린다. 이것은 여성의 전형적인 메커니즘인가? 글쎄, 여성이 이런 성향을 타고나는 게 아니라 사회 내부에서 오랫동안 형성된 메커니즘이라는 사실만은 분명하다. 대접하기, 돌보기, 인간관계 가꾸기를 전적으로 담당하는 여성의 역할이 여기 해당된다.

이 고루한 역할의 틀은 활발한 여성운동에도 불구하고 여전히 극복되지 못하고 있으며, 특히나 '화목함에 대한 욕구'는 이 문제를 뒤에서 더욱 부채질한다. 타인과의 어울림, 욕구와 감정의 어울림이라는 의미에서의 화목함은 자아실현과 개체화, 인간관계에서의 선 긋기에 제동을 건다. 그렇게 하면 인간관계에 거리가 생길 위험이 있기 때문이다. 예컨대 여성이 불이익을 당하고 분노하면, 이는 일차적으로 배우자와의 사이를 멀어지게 만든다. 그러나 슬프고 상처받은 반응을 보이며 눈물을 쏟는 여성은 연민을 기대할 수 있으며 이는 다시금 화목함을 이끌어낸다.

여기에서 딜레마가 탄생한다. 불만족스러운 상황에서 유대감과 화목함을 되살리려면 어떻게 해야 하는가? 분노해야 하는가, 울어야 하는가, 아니면 단념해야 하는가? "상실에 대한 두려움은 강한 힘을 발휘해 우리를 (…) 해묵은 역할로 몰아넣는다. (…) 얌전하게 행동하면 우리는 사랑받고, 버림받지 않을 것이다!"[52] 기존의 패턴을 따르지 않고 뭔가를 서서히 변화시키고자 하는 여성은 저항에 맞부딪힐 것을 염두에 둬야 한다. 사람들은 우리가 지금껏 참여해온 해묵은 게임에 우리를 도로 끼워 넣으려 들 것이다. 우리는 우리가 그것을 진정으로 중요하게 여기는지 확인하는 시험대에 세워진다. 이때는 불안감과 두려움, 때에 따라서는 죄책감까지도 감수해야 한다. 이러한 감정은 변화 과정에 동반되는 정상적이고 일시적인 현상일 수 있다. 참고로 '타인을 우선으로 여겨라'라는 패턴은 남성에게도 익숙하며, 이들 역시 자기 욕구를 관철하는 일은 물론이고 표출하는 데도 어려움을 겪고 있다.

교류분석에서는 '타인을 우선시하라', '항상 강하게 행동하라' 등 패턴에 따른 행동지침을 '드라이버Driver'라고 부른다.[53] 드라이버에는 여러 종류가 있다. 이 내면의 목소리는 곤란한 상황에 처했을 때 타인에게 받아들여지려면, 다시 말해 앞서 말한 시험에 '합격'하려면 어떻게 행동해야 하는지 지침을 전달한다. 어린 시절에는 애착대상의 지시가 이런 역할을 한다. 내면의 드라이버는 참된 강인함을 용솟음치게 해주기도 하지만, 우리의 자유로운 발전을 저해하고 우리를 성찰 없는 순응으로 몰아넣을 수도 있다. 우리가 오로지 다른 사람에게 받아들여지기 위해 타인에게 최대한 맞춰주거나 항상 강한 모습을 보이거나 끊임없이 완벽을 기함으로써 '합격' 점수를 따려 할 때 그렇다. 나아가 드라이버는 우리 자신의 욕구 및 존재적 본질로 다가가는 통로를 차단하기도 한다.

분노와 관련해서는 '타인을 우선시하라'라는 드라이버가 특별한 역할을 한다. 이 드라이버는 우리 자신의 욕구 및 고통의 한계를 인지하지도, 자신의 입지를 내세우지도 못하게 하며, 필요할 때 욕구를 관철하기 위해 분노를 활용하는 것까지 방해한다. 어떤 대상에게 뭐든 맞춰주는 동시에 그를 향해 분노하기란 어려운 일이기 때문이다. 이로 인해 당사자는 스스로도 거북하게 느껴지는 지극히 모순적인 행동을 하

게 된다.

레아는 작은 피부관리실을 운영하고 있다. 나이는 27세로 요나
스와 결혼해 함께 산다. 요나스도 직장에 다니지만 공부도 병행
하여 조만간 두 번째 학위를 마칠 예정이다. 그래서 자녀계획은
약간 미루기로 했다. 요나스는 직장 경력도 더 쌓고 이후의 커리
어에 철저히 대비하고 싶어 한다. 두 사람이 지금 살고 있는 집
은 다소 좁은 편이라 큰 집으로 이사하려면 저축도 해둬야 한다.
레아는 작은 단독주택에 살고 싶지만 두 사람이 함께 보내는 시
간을 줄여가면서까지 요나스가 근무시간을 늘려 돈을 버는 것은
원치 않았다. 그래서 현재 생활에 만족하기로 했다. 요나스와 마
음이 잘 맞는 것만으로도 행복했다. 결국 이게 가장 중요한 것 아
닌가. 두 사람이 같은 관심사를 공유하는 것도 큰 즐거움이었다.
배우자를 찾을 때부터 그런 사람을 만나기 위해 노력했고, 요나
스를 만나 사랑에 빠졌다.

레아는 이전에 만났던 어떤 연인과도 관계를 오래 유지하지 못
했다. 매사 연인에게 맞춰주려 노력했지만 잦은 다툼을 피할 수
없었다. 대부분 한두 해 만에 이별로 끝을 맺었다. 레아는 어째서
매번 연인이 떠나가는지 이해할 수 없었다. 두 번 다시 그런 아픔

을 겪고 싶지 않았기 때문에 요나스와의 관계가 늘 순조롭고 화목하게 유지되도록 온갖 노력을 기울였다. 요나스는 레아와 함께하는 삶이 얼마나 행복한지, 레아가 얼마나 좋은 아내인지 끊임없이 강조했다. 레아 역시 그가 장래에 좋은 아빠가 되리라고 생각했다. 다만 그가 마음의 준비가 될 때까지 기다려야 한다는 점은 아쉬웠다. 친구가 임신 소식을 알리고 기쁜 마음으로 아이를 기다리는 모습을 보면 레아는 호기심과 부러움이 반반 섞인 마음으로 관심을 기울였다. 그러나 요나스는 별다른 흥미를 보이지 않았다.

요나스는 직장을 다니면서 스페인어 수업을 받았다. 회사에서 발령을 받아 몇 달 혹은 1년쯤 남미에 가서 지내는 게 그의 계획이었다. 그렇게 하는 게 향후 이력에 매우 중요하다고 했다. 레아는 그 말에 다소 실망했지만 요나스의 앞길에 걸림돌이 되고 싶지 않아 아무 말도 하지 않았다. 그가 전 여자친구와 헤어진 이유도 상대방이 사사건건 까다롭게 굴어서였고, 레아도 그 사실을 잘 알고 있었다. 결혼생활에 실패할지도 모른다는 두려움이 너무나 컸던 나머지 레아는 제 스스로 남편에게 모든 걸 맞춰주는 쪽을 선택하고 날마다 피부관리실로 출근해 상냥하게 손님을 응대했다. 그 상냥함 덕분에 고객 사이에서 꽤 인정도 받았다.

그런데 얼마 전부터 시내를 활보하는 수많은 임신부가 레아의 눈에 들어오기 시작했다. 이제 그의 눈에는 아기용품 광고나 젊은 부모만 보였다. 거리를 거닐다가 그런 이야기를 꺼내면 요나스는 다소 신경질적인 반응을 보였다. "당신 지금 호르몬 분비가 왕성해서 그러는 모양인데, 우리에게는 아직 시간이 많잖아. 나는 그 전에 하고 싶은 일이 많아." 레아는 그의 반응에 입을 다물었다. 다투거나 독촉하고 싶지 않았다. 부부관계에 금이 갈 만한 행동을 할 마음은 추호도 없었다. 그러다가 만에 하나 홀로 아이를 키워야 하는 상황에 처하기라도 하면 어쩔 것인가. 한부모 가정에서 아이 키우기가 얼마나 고된지 그는 자신의 어머니를 통해 뼈저리게 경험했다.

레아의 부모는 그가 네 살이 됐을 때 헤어졌고 아버지는 이후 3년 동안 외국에서 지냈다. 레아는 늘 아버지가 돌아오기를 간절히 바랐다. 뒤늦게야 아버지는 딸에게, 아내의 심한 잔소리와 독불장군 같은 성격 때문에 헤어졌다는 이야기를 들려줬다. 어린 소녀였던 레아는 자신이 어머니의 이기적인 성격을 닮지 않았다는 아버지의 칭찬에 우쭐해졌다. 아버지를 무척이나 사랑했던 레아에게는 그가 자신과 어머니를 떠나버린 것이 슬프기 그지없는 일이었다.

최근 레아는 유난히 자주 아버지를 떠올린다. 그럴 때면 요나스도 언젠가는 자신을 떠나버릴 수 있다는 두려움에 사로잡히곤 했다. 특히 그가 남미에서 일할 계획을 언급할 때마다 불안감이 엄습했다. 레아가 할 수 있는 일이라곤 자신을 사랑한다는 요나스의 다짐에 마음을 가라앉히려 애쓰며 그가 영영 떠나지 않기를 바라는 것뿐이었다. 그리고 그를 붙잡아두기 위해 좋은 아내가 되려고 안간힘을 썼다. 일상에서 벌어지는 사소한 짜증도 얼마든지 참을 수 있었다. 레아에게는 자신의 욕구나 의지를 내세우는 것보다 화목한 관계를 유지하는 일이 중요했다. 자녀계획에 관한 이야기도 가능한 꺼내지 않았다. 남편이 이 화제를 매우 귀찮고 부담스럽게 느끼는 것 같아서였다. 경력을 쌓고 싶어 하는 남편에게는 그런 기대가 부담으로만 다가올 터였다. 이로 인해 그의 기분이 상한다면 그 책임은 전적으로 레아에게 있다. 그런 일은 결코 일어나서는 안 된다.

레아에게서는 '타인을 우선시하라'라는 동인이 뚜렷하게 드러난다. 그의 내면의 목소리는 타인의 비위를 맞춰주는 한 그가 자신을 좋아하고 영원히 곁에 있어줄 거라고 말한다. 오래전 버림받은 기억에 대한 두려움, 다시 말해 고통스러운 유년기의 경험은 레아로 하여금 자기 욕구를 관철하고 표현하며 필요할 때 화를 내는 일도 꺼리게 만들었다. **화목함과 안정을 위해 자기 인격체의 일부를 포기하는 셈이다.** 이런 방법은 어느 순간까지는 그런대로 통한다. 그러나 애써 떨쳐버렸던 욕구와 감정은 언젠가 신호를 보내게 돼 있다. 화가 쌓이고 우울증, 피로, 신체적 질환의 형태로 나타나기도 한다. 만약 남편이 레아의 상냥하고 친절한 태도, 끝없는 평화를 더 이상 견디지 못하고 떠나버린다면 레아에게는 이것이 훨씬 더 비극적이고 이해할 수 없는 일이 될 터이다. 어쩌면 남편은 가끔 다투거나 마찰을 빚기도 하는 아내를 원할지도 모른다.

분노를 털어놓을수록 죄책감은 줄어든다

쉽사리 죄책감을 느끼는 사람은 화와 분노를 받아들이는 데 흔히 어려움을 겪는다. 이들은 남들이 비난하거나 실제로 죄를 뒤집어쓰지도 않았는데 쉽게 죄책감에 젖곤 한다. 그 이유는 무엇일까? 원인은 다양하다. 유년기에 부모에게 강한 분노를 표출하고도 사랑받을 수 있다는 걸 배우지 못한 것도 그중 하나다. 아이는 보통 만 2세에서 5세 사이에 양가적 감정, 다시 말해 애정과 화를 병렬적으로 또는 동시에 품는 일을 견디는 능력을 배운다. 그러려면 이에 상응하는 부모의 태도가 필요하다.

아이가 부모에게 분노해도 도덕적 잣대를 들이대지 않고 허용해줘야 한다는 의미다. 화가 난 아이에게 '그래, 넌 엄마를 더 이상 사랑하지 않는 모양이로구나?' 같은 메시지를 전달하는 건 아이에게 별로 유익하지 않다. 감정을 조절하고 다양한 감정 간의 긴장을 견디는 것은 성인은 물론이고 아이에게도 매우 중요한 능력이다. 두 가지 감정을 성공적으로 품어내지 못하면 감정은 애정 아니면 심술, 좋아함 아니면 거부 식으로 분열되고 만다. 이런 감정의 분리는 경계선 인격장애를 겪는 사람들에게서 관찰되는 특징이기도 하다. 이들은 특정한 사람을 이상화하거나 비하하며, 이 두 가지 사이에서 급작스러운 변덕을 보이기도 한다.

아동기에 누군가를 좋아하는 동시에 그에게 분노하는 법을 배우지 못한 여성은 분노를 금세 내재적 위협으로 받아들인다. 내가 지금 그에게 좋지 않은 마음이라는 걸 그가 눈치채면 어떻게 될까? 그래도 여전히 나를 좋아해줄까? 상실에 대한 두려움이 활성화돼서 마치 관계가 위협당하는 것처럼 느낀다. 이에 더해 다툼까지 일어나면 더 이상 사랑받지 못하게 된 데 대한 책임이 분노를 품은 자신에게 있다고 여긴다. 그래서 이런 상황을 피하고자 화를 억누르거나 아예 떨쳐버리고 만다. 그러나 이는 소용없는 일이다. "죄책감을 느끼는 사람은 궁여지책으로 스스로를 내면의 감옥에 가둬버리지만, 공격적인 감정은 감옥에서 탈출하고 싶어 한다. 죄책감은 활기와 공격적인 감정, 특히 후자를 숨 막힐 듯 두터운 베일로 덮어버린다."[54] 이런 사람은 상냥하고 얌전하게는 행동할지언정, 생기와 활력은 잃고 만다.

학습된 죄책감의 또 다른 원인은 중병을 앓거나 장애가 있는 가족을 보며 성장한 사람에게서 자주 발견된다. 예컨대 신체적 또는 정신적 질환을 앓는 어머니나 아버지를 둔 아이는 일찍부터 부모를 배려하고 보호하는 일을 배우기 마련이다. 그래서 거친 행동을 하고 큰소리를 내는 것도 허락되지 않는다. 반항하고 화내는 행동은 말할 것도 없다.

죄책감은 특히 내면의 긴장감을 먹고 자란다. 아픈 아빠에게 어떻게 화를 낼 수 있겠는가? 걸핏하면 울음을 터뜨리는 엄마를 어떻게 비난할 수 있겠는가? 아이는 부모의 안위를 포착하는 직관적 인지능력이 어마어마하게 뛰어나다. 사랑받고자 하는 욕구의 충족이 오롯이 부모 손에 달려 있지 않은가. 또한 모든 아이는 행복한 부모를 원하기 때문에 대개 부모를 행복하게 하기 위해서라면 무슨 일이든 한다. 그러나 병을 앓는 부모를 보호해야 하는 아이는 대부분 자신의 활력을 그 대가로 치른다.

건강이 좋지 않은 부모뿐 아니라 아프거나 장애가 있는 형제를 배려하는 일도 아이의 활력과 분노의 감정에 제동을 건다. 이 과정에서 아이는 자기 욕구를 억눌러야 한다는 걸 깨닫고, 장애가 있는 형제에게 화를 내면 안 된다는 사실을 학습한다. '이 가여운 아이는 장애가 있으니 뭐든 받아줘야 한다'는 식으로 말이다.

소피아는 스물여섯 살이며 2년 전부터 공유주택에서 친구 라우라와 함께 살고 있다. 둘은 대학시절부터 친구였다. 소피아는 변호사 사무실에서 일하고 있고, 라우라는 졸업시험에 한 번 떨어진 뒤로 학업을 아예 접고 현재는 유기농 슈퍼마켓에서 일하는 중이다. 시험에 다시 도전할 마음은 이미 사라지고 없다.

라우라는 대학시절부터 편두통을 앓았는데 날로 악화되는 중이다. 공부를 제대로 할 수 없었던 것도 이 때문이다. 여러 날 동안 기진맥진한 채 커튼을 드리운 방 안에 누워 두통과 싸울 때도 많았다. 원래도 소음을 잘 견디지 못했는데 편두통에 시달릴 때는 더욱 예민해졌다. 소피아는 그런 라우라를 항상 배려해줬다. 그러나 최근에는 여가시간을 함께 보내기는커녕 집안일도 미뤄두기 일쑤인 라우라에게 점점 더 짜증이 나기 시작했다. 그러다가도 라우라가 울고 있는 모습을 보면 안쓰러운 마음에 화를 거둘 수밖에 없었다. 라우라도 두통을 앓고 싶어서 앓는 건 아니잖은가. 대학 졸업을 포기하고 앞날이 막막한 상황에서 라우라가 얼마나 괴로워하고 있는지도 잘 안다. 이제 라우라는 우울증까지 앓기에 이르렀다.

그래서 소피아는 집안일을 더 돌보고 생활비도 더 많이 냈다. 그러나 이런 상황이 점점 더 못마땅하게 느껴졌다. 동시에 자신이 좋은 직업을 갖고 성공해서 잘 살고 있다는 생각을 하면 라우라에게 죄책감도 들었다. 자신이 무엇을 원하는지 늘 확실히 알고 있던 그는 지금껏 열심히 목표를 향해 매진했다.

빈둥거리는 라우라를 향한 소피아의 분노는 시간이 갈수록 커졌다. 음악을 크게 틀어놓고 춤추는 것을 좋아했기에 마음껏 소음을 낼 수 있는 아파트로 혼자 이사 가버릴까 고민하기도 했다. 그러나 이런 생각을 하면 또다시 죄책감이 밀려왔다. 가엾은 라우라를 혼자 내버려둘 수는 없었다.

어느덧 자신이 얼마나 많은 것을 포기하고 있는지를 감지한 소피아는 한 동료에게 자신의 모순적 감정에 관해 털어놨다. 그는 소피아가 지금껏 이 문제를 라우라와 단 한 번도 터놓고 이야기하지 않았다는 데 무척이나 놀라는 눈치였다. 동료와 대화하면서 소피아는 그동안 자신이 죄책감 때문에 친구를 과보호해왔음을 분명히 깨달았다. "그렇지만 라우라가 아프고 싶어서 아픈 건 아니잖아요"라는 말을 여러 차례 반복하는 그를 향해 동료는 이렇게 대꾸했다. "그렇기는 하죠. 하지만 그렇다고 해서 당신 기분이 어떤지, 당신에게 뭐가 필요하고 뭐가 못마땅한지 친구에게 말 못할 이유는 또 뭔가요?"

소피아는 라우라에게 짜증이 날 때마다 자신이 커다란 죄책감에 시달렸음을 비로소 깨달았다. 죄책감이 매우 익숙하고 오래된 감정이라는 사실두 알게 됐다. 그에게는 선천석 장애를 안고 태어난 언니가 있었던 것이다.

소피아는 동료와 대화하면서 해묵은 죄책감이 라우라에게 화내기 어렵게 만든다는 사실을 깨달았다. 라우라에게 화가 나는 데 합당한 이유가 있다는 사실을 스스로도 인정하지만, 이를 입 밖에 낸다는 생각만 해도 거북하기 짝이 없었다. 이는 죄책감을 품은 사람이 전형적으로 겪는 일이다. 이성적으로는 자신의 화가 정당하다고 인지하되, 감정적 차원에서는 화를 내도 된다는 사실을 감지하지 못하는 것이다.

소피아가 친구 라우라에게 자신의 분노를 솔직히 털어놓는 데는 큰 용기가 필요하다. 그러나 과감하게 이를 자주 실행할수록 화내는 게 반드시 나쁜 행동만은 아니라는 확신을 얻게 될 터이며, 두 사람의 우정도 이로써 한층 돈독해질 것이다.

화-그리고-나

- 내 욕구보다 주변 사람이 더 중요하다는 생각이 익숙한가?
- 타인에게 맞춰주면서 자신의 욕구는 절제하는 노력을 기울이는가?
- 타인의 동의와 인정이 나 자신의 의견이나 욕구보다 중요한가?
- 타인과 대면할 때 그들이 나를 얼마나 좋게 보는지 표정에서 읽어내려 애쓰는 자신을 종종 깨닫는가?

- 가까운 사람과 의견이 다르면 거북한 기분이 드는가?

- 화목한 분위기를 위해서라면 나 자신의 욕구는 재빨리 거둬들일 준비가 돼 있는가?

- 타인에게 뭔가를 요구하고자 할 때 불편한 기분이 드는가?

- 내 욕구를 내세우는 게 다른 사람에게 부당하게 느껴질지 모른다는 생각을 자주 하는가?

- 선을 긋고 '아니오'라고 말하고 싶은 순간 죄책감이 드는가?

- 타인에게 짜증이 나거나 나아가 분노를 분명히 표출할 때면 기분이 좋지 않거나 죄책감이 드는가?

사랑받지 않을
용기가 필요해

직업 영역에서도 화와 분노는 피할 수 없다. 직장생활을 하며 우리는 스트레스와 과도한 부담감에 시달리고 수시로 부당한 일을 겪는다. 동료와의 관계도 쉽지만은 않으며, 우리가 그들을 힘들게 할 때도 있다. 개인적 불화 때문에 상호간에 '사소한 게임'도 흔하게 벌어진다. 교류분석학자 겸 코치인 울리히 데너Ulrich Dehner가 집필한 《사무실에서의 일상게임Die alltäglichen Spielchen im Büro》[55]에는 이와 관련된 여러 사례가 서술돼 있다. '게임'이란 갈등을 일으키는 행동방식 및 관계의 패턴을 가리킨다. 여기에는 수많은 화가 잠재돼 있으며, 간접적으로 또는 공공연하게 타인에게 화풀이를 하기도 하지만 그런다고 갈등이 해소되지는 않는다. 해소는커녕 '항상 이런 식이라니까!'라는 생각에 서로 기분이 상하거나 짜증만 나기 쉽다.

이런 행동게임에는 일련의 상호작용을 주고받음으로써 서로를 자극하거나 조종하는 게임 참가자들이 있기 마련이다. 다만 이들이 반드시 자신의 행동을 의식하는 건 아니다. 게임 참가자는 희생자, 구원자, 추격자 역할로 나뉜다. 이 상호작용의 패턴을 앞서 '드라마 삼각형'이라는 개념으로 살펴봤다.

먼저 희생자 역할을 하는 여자 동료를 예로 들어보자. 그는 번번이 자신에게 주어진 업무를 어떻게 처리해야 할지 몰라서 (실제로는 처리할 능력을 갖췄음에도) 막막해하며 남들에게 도움을 구하려 든다. 돕기 좋아하는 사람은 누군가 도움을 필요로 하는 것을 보고 주저 없이 나서고, 이로써 희생자와 구원자 구도가 성립된다. 이 구도는 한동안 꽤 순조롭게 기능하기도 하지만 때가 되면 어느 한쪽이 싫증을 내기 시작한다. 예컨대 구원자는 위기가 닥칠 때마다 달려가 도와주는 일에 신물이 난다. 그는 짜증스럽게 "더 이상 돕고 싶지 않아요. 혼자 힘으로 좀 해봐요"라고 말하는 식으로 게임을 끝내며, "당신은 나를 이용할 뿐이에요!"라고 덧붙임으로써 추격자 역할로 돌아선다. 희생자 쪽에서 "당신은 늘 뭐든 잘 아는 것처럼 굴어요", "그냥 조언을 구한 것뿐인데 왜 그렇게 화를 내는 거예요?" 같은 말로 먼저 게임을 끝낼 수도 있다. 이런 식으로 게임이 진행되다 보면 언젠가는 한쪽이 추격자로 역할을 전환하면서 그것이 정낭하든 부당하든 상대방에게 분을 품게 된다. 그 뒤에는 상대방을 비난하고 나아가 비하하기도 한다.

이러한 관계 패턴은 당사자들에게 어딘지 그 상황이 익숙하게 느껴진다는 특징을 지니지만, 정작 당사자들은 실제로 무슨 일이 벌어지고 있는지 잘 파악하지 못한다. 거듭해서 스스로 이 게임에 휘말려들거나 이를 촉발하기도 한다는 사실 역시 알지 못한다. 가령 어떤 직원이 상사에게 "제가 뭘 어떻게 해도 불만이신데 더 이상 어쩌라는 겁니까?"라고 불평하면 상사는 이렇게 대꾸한다. "아무개 씨가 업무를 꼼꼼히 처리하면 만족 못 할 리가 있나요? 매번 꼭 뭐 하나를 빼먹으니 이러는 거 아닙니까?" 그러면 불평한 직원은 또다시 이렇게 응수한다. "저에 관해 늘 그렇게 부정적으로 말하고 비하하시면 저도 최선을 다하고자 하는 마음이 들지 않아요."

이런 상황은 어디서 유발되며 이때 '잘못'은 누구에게 있을까? 오고가는 말을 살펴보면 게임의 패턴이 엿보인다. 그 이면에는 책임을 떠넘기거나 상대방에게 잘못을 덧씌우거나 자신의 희생자 역할 및 '무고함'을 확인하려는 무의식적인 목적이 숨어 있다. 이런 행동 패턴은 문제해결에 아무런 도움도 되지 않는다. 이는 동료 사이에 화를 불러일으켜 서로에게 화풀이를 하게 만드는 게임일 뿐이다.

여성이 리더의 위치에 오르고자 할 때, 혹은 이미 그러한 위치에 있을 때에는 문제가 더 복잡해진다. 여성의 뛰어난 리더십에 관한 이야기가 속속 들려오고 있고 실제로 확인된 사례도 많지만 특히 고위급 리더 자리에 오른 여성이 여전히 소수라는 건 부인할 수 없는 사실이다. 여성 리더들은 소통과 협동에 기반을 둔 리더십 스타일을 발휘함으로써 그 능력을 증명하고 있지만, 이는 명확성과 관철능력 등 사람들이 리더십에 대해 통상적으로 품고 있는 관념과는 맞아떨어지지 않는다. 오늘날에도 이런 리더십 특성은 대체로 남성이 많이 갖췄다고 평가되고 있다. 명확성과 관철능력은 성별과 하등 관계없는 특성이나, 이런 능력을 갖춘 여성은 아이러니

하게도 '까칠하고' '차가우며' '남자 같다'는 비아냥거림을 들을 위험이 있다.

남녀의 지배적인 행동방식 차이는 학창시절 및 청소년기부터 이미 관찰된다. 이 연령대 소녀 집단에게서 볼 수 있는 학습된 소통행위는 이들이 공동체와 화목함, 어울림에 기반을 둔 결집을 특히 중요시한다는 사실을 보여준다. 집단의 리더를 자처하는 사람은 이 무리에서 그리 환영받지 못한다. 우두머리 자리를 둘러싼 투쟁과 1등을 차지하기 위한 힘겨루기는 소년 집단에서나 흔히 관찰되는 현상이다.[56] 이처럼 이른 시기에 나타나는 사회적 특성화는 리더십에도 영향을 미치는 것으로 추측된다.

뭔가를 관철하고자 하는 여성은 흔히 뜻하는 바를 순화된 언어로 포장해서 에둘러 표현한다. 다시 말해 간접화법을 즐겨 사용한다. "이 보고서를 다음 주 금요일까지 제출하세요!" 보다는 "다음 주 금요일까지 이 보고서를 평가서와 함께 제출해주시면 좋겠어요" 또는 "괜찮으면 이걸 좀 해줄 수 있나요?"라고 말하는 식이다. 여성은 또한 자신의 요구에 긴 설명을 덧붙이며 이를 정당화하고 상대방의 양해를 구한다.

클라우디아는 경영학을 전공해 박사학위까지 취득한 엘리트다. 현재 마흔두 살로 기혼이며 슬하에 열네 살 딸이 있다. 남편은 은행에서, 클라우디아는 기계를 제조하는 대기업에서 일한다. 클라우디아는 회사에서 부장 대행 직을 맡고 있으며 특히 아시아 지역을 담당한다.

그는 회사에서도 승승장구해왔을 뿐 아니라 성공하고자 하는 욕구가 강해서 스위스와 미국 등지에서 매니지먼트 강의를 비롯해 수많은 심화교육을 받기도 했다. 매주 월요일 아침에는 그가 준비하고 주재하는 팀 회의가 열린다. 최근에는 한 부하직원이 큰 실수를 저지르는 바람에 회사에 수십만 유로의 손실이 생겨 골치를 앓는 중이다. 문제를 신속히 파악하지 못했다며 상사에게서 크게 질책당한 클라우디아는 부하직원이 자신에게 묻지도 않고 일을 진행하다가 실수를 저지른 걸 생각하면 분통이 터진다. 부하직원을 제대로 통솔하지 못한 자신에게도 속으로 실책을 쏟아부었다. 동시에 자신에게 책임을 떠넘기는 상사에게는 치가 떨린다. 상황이 상황인 만큼 그는 커다란 심리적 압박감에 시달리고 있다.

원래 혈압이 높은 편인 클라우디아는 오래전부터 혈압을 낮추는 약을 먹고 있었다. 위기관리 회의를 앞둔 며칠간은 불면증까지 찾아왔다. 혹시나 잠이 올까 싶어 술도 마셔봤다. 안타깝게도 이런 일은 드물지 않게 일어난다. 팀 리더가 된 이후로 클라우디아는 늘 성과와 경쟁 압박에 어마어마하게 시달리고 있다. 남성이 득세하는 이 냉혹한 업계에서 동료들은 클라우디아가 정말 남자한테나 기대할 법한 능력을 발휘할 수 있을지 미심쩍은 눈초리로 지켜보고 있다.

클라우디아는 스스로가 진보적이고 자립적인 여성이라고 자신했다. '여성 할당제' 없이 뛰어난 업무실적과 추천서만으로 현재의 지위에 오른 데도 자부심을 품고 있다. 그리고 여자도 이 업계에서 남자만큼이나 능력을 발휘할 수 있음을 증명해 보이고 싶었다. 또한 리더의 지위에 오른 여성은 모두 '남성적'이라는 세간의 편견에 맞서는 의미로 다른 여성 리더처럼 바지 정장을 고집하지 않고 일부러 치마 종류를 즐겨 입었다.

클라우디아는 어려운 회의에 잘 대비하기 위해 코치를 찾았고 내적으로 한층 강해진 상태에서 회의에 참여하기 위해 상담을 받았다. 그는 체면을 구기지 않으려면 객관성을 유지하고 화를 통제할 수 있어야 한다는 사실을 잘 알고 있다. 회사에서는 확고하지 못한 태도를 리더십 부족의 증거로 간주했다. 그런 비판은 무슨 일이 있어도 피하고 싶었다. 중요한 결정을 할 때는 불확실한 점에 관해 다 같이 논의하고 의견을 교환하는 편이 훨씬 의미 있다는 걸 누구보다 잘 알지만, 클라우디아는 회사에 소속되기 위해 회사의 관례에 스스로를 끼워 맞췄다. 그는 호흡훈련으로 스트레스와 화를 매우 잘 다스릴 수 있다는 사실을 배웠고, 이러한 도구를 갖춰서 다행이라고 생각했다.

위기관리 회의는 클라우디아가 처음으로 마주한 고난이도의 시험대였다. 이런 일정을 무사히 마치고 나면 대개 어려운 자리를 객관적으로 이끈 데 대해 동료들의 찬사가 쏟아졌다. 사실 그는 커다란 심리적 압박감에 시달렸지만, 이런 속사정을 아는 사람은 오직 그 자신뿐이었다. 그런 날이면 클라우디아는 구내식당 사용은 물론이고 동료와의 모든 접촉을 피했다. 자기 자신과의 내적인 접촉은 물론이고 모든 종류의 개인적 접촉(지난 휴가가 어땠느냐는 질문처럼 지극히 부수적이고 사소하고 사적인 대화도 예외는 아니다)이 통제된 행동을 무너뜨릴 수 있다는 걸 잘 알기 때문이다. 지금처럼 어려운 상황에서는 이 같은 행동방식을 절대적으로 고수해야만 했다.

남편은 클라우디아에게 현재 직업이 진정 원하던 것인지, 그리고 일에서 받는 중압감을 얼마나 더 견딜 수 있을지 늘 조심스럽게 묻곤 했다. 가정의 역시 직업적 압박감에 주의하라고 당부한

바 있다. 최근 열린 위기관리 회의를 대체로 능숙하게 이끌었고 실수의 부정적 결과를 최소화하는 데도 성공했지만 중압감은 사라지지 않았다. 클라우디아는 '아래위'를 가리지 않고 쏟아지는 비판을 감당하며 업무를 원활히 수행하고 비판에 객관적인 해명을 내놓기 위해 끊임없이 노력을 기울였다. 이런 대처방식과 호흡훈련 덕분에 그는 항상 평정을 유지할 수 있었다. 그가 걱정해야 할 부분은 고혈압뿐이었다.

높은 혈압(이른바 본태성 고혈압)의 원인은 다양하다. 개인이 받는 커다란 중압감, 충분히 수용되거나 해소되지 못하고 누적된 화도 고혈압의 흔한 원인이다. 클라우디아가 스트레스를 받을 때 활용하는 호흡훈련이 정말 그의 압박감과 화를 해소해줄 수 있는지 의문이다. 그렇다기보다 그가 일시적으로 차분하고 이성적인 태도를 취하게 해준다는 편이 정확할 것이다. 호흡훈련은 위기상황을 넘기도록 도와주는 응급조치는 될지언정 근본적인 문제를 없애주지는 못한다. 이때 핵심은 클라우디아가 진심으로 그 상황을 떠맡고 싶어 하는가, 그리고 직업생활에서 반복적으로 치솟는 타인에 대한 화와 분노를 받아들일 수 있는가 여부다. 누적된 압박감을 해소하려면 (직장에서든 사적인 영역에서든) 부담을 덜 수 있는 다른 방법이 필요하다. 그 방법을 찾는다면 클라우디아의 몸도 더 이상 압박감에 고혈압으로 반응하지 않을 것이다.

많은 여성이 커리어를 일궈나가는 과정에서 능력을 증명해 보여야 한다는 강한 압박감에 시달린다. 남녀의 기회균등과 관련해서 '유리천장'이라는 말이 사용되는 데는 다 그만한 이유가 있다.[57] 여성은 눈에 보이지 않을 뿐 의심할 바 없이 존재하는 이 장애물에 가로막히기 일쑤다. 이 유리천장이 경영 조직구조 또는 남성 동료나 상사의 사고방식과 얼마만큼이나 관련이 있는지, 혹은 당사자인 여성의 머릿속에서 일종의 내적 억제제로 작용하지는 않는지에 관한 논의도 수없이 이뤄지고 있다.

직업적으로 성공한 여성은 자신의 능력을 강조하기보다는 "그저 운이 좋아서 아무개 씨 대신에 이 자리를 맡게 된 거예요"라는 식으로 운에 공을 돌려버린다. 반면 남성은 직업적 성공이 순전히 자기 능력에서 비롯됐다고 생각하는 경향이 강하다. 업무 실수가 생겼을 때도 여성은 이를 자신의 능력부족 탓으로 돌리는 경우가 남성보다 잦다. 리더로서 업무를 수행할 때 주어지는 권력을 긍정적으로 받아들이는 데도 더 많은 어려움을 겪는다. 다수 여성은 지시를 내리기보다는 지시 받은 바를 수행하는 역할을 선호한다.

여성 리더는 사랑받는 동시에 다른 한편으로는 의지를 관철해야 한다는 요구를 받기 때문에 내적인 딜레마에 사로잡히기 쉽다. 흔히 여성 리더가 지나치게 감정적인 모습을 보이면 리더십이 부족하다는 비판을 사고, 화를 내면 스스로를 통제하지 못한다는 말을 듣는다. 남성 리더라면 화를 표출하는 게 당연시될 뿐 아니라 리더로서의 의지를 보여주는 강인한 모습으로 여겨진다.

수용되지 못한 화가 매우 부정적인 결과를 불러온다는 원칙은 사생활뿐 아니라 직업생활에도 똑같이 적용된다. '화를 수용한다'는 건 언성을 높이거나 비난을 퍼붓는다는 의미가 아니라, 사람들과 어울리는 과정에서 감지되는 화를 어떤 문제나 난관이 닥쳤음을 알리는 신호로서 받아들인다는 의미다. 남녀 리더의 행동방식에 관한 한 연구[58]는 여성 상사가 리더로서 직원들에게 인정받으려면 감정조절에 특히 힘써야 한다는 사실을 분명히 보여준다. 이때는 분노는 물론이고 슬픔도 금기시된다. 남성의 경우 슬픔은 금기시되지만 분노 표현은 대체로 수용된다. 다시 말해, 감정을 통제하는 능력이 남성보다 여성 리더에게 더 많이 요구되는 셈이다.

대형 종합병원 인사팀에서 일하는 인자의 사례는 수용되지 못한 분노가 중대한 결정 및 그 실행을 얼마나 크게 저해할 수 있는지 잘 보여준다.

인자는 거의 날마다 직원들과 면담을 나누고 업무정지 명령과 해고 통지, 업무조정 상담 등의 업무를 수행한다. 현재 서른두 살인 인자는 원래 간호사 직업교육을 받았고, 이후 대학에서 심리학을 전공하며 경영심리 분야를 집중적으로 공부했다. 할머니와 함께 살고 남자친구가 있다. 주기적으로 요양보호 담당자와 병원에 근무하는 의사, 행정부서장과도 상담을 나눈다. 호의적이고 친근한 태도 덕분에 그는 어디에서나 큰 인기를 누린다.

지금 직장에서 일을 시작한 지 1년밖에 안 된 인자는 맡은 업무를 잘해내려 끊임없이 노력한다. 그로서는 피드백 및 비판적인 평가에 관한 이야기를 직원들과 나누는 면담 자리가 특히 어렵게 느껴진다. 이때는 지극히 사무적이고 친절한 태도를 견지하려고 늘 노력한다. 비판적인 평가를 전할 때는 더 자세히 설명해주고 직원들이 자신을 이해해주기를 기대했다. 그러나 직원들이 면담 도중에 아예 입을 다물어버리거나 심지어 울음을 터뜨리며 사과할 때면 난처하기 그지없다. 스스로도 간호사로 일한 적이 있기 때문에 간호 담당 직원들을 대할 때는 특히 동정심과 인내심을 발휘했다. 수간호사가 동료의 비판을 귓등으로도 안 듣고 냉정하게 굴던 일, 심지어 입원실에서 고래고래 고함을 질러대던 일은 그에게도 정말 끔찍한 기억이다. 자신은 결코 그런 사람이 되고 싶지 않았다.

그러나 인자는 어느덧 직원 면담이 아무런 효과도 내지 못하고 있음을 감지했다. 직원들에 대한 부정적 평가는 시간이 지나도 달라지지 않았다. 그들이 자신의 존재를 진지하게 받아들이지 않는다는 생각에 인자는 화가 났다. 그러나 자신의 화를 받아들이고 정확히 문제가 뭔지 성찰하는 데는 실패했다. 절대로 화내지 말아야 한다고 생각했던 인자는 정작 업무를 제대로 수행하지 못하는 자신에게 화를 내고 있는 스스로를 발견했다. 직원 면담이 헛수고로 돌아갈 때마다 인자는 혼자서 이렇게 생각했다. '또 이렇게 됐구나. 상냥한 태도로 직원들을 존중하며 대화하려고 그토록 애를 썼건만, 내 말은 귀담아 듣지도 않았잖아!'

인자는 비판적인 피드백을 나누는 면담이 자신에게 그토록 어렵기만 한 이유가 무엇인지 알기 위해 자문을 구했고,

그 과정에서 한 가지를 분명히 깨달았다. 비판적인 평가에 관해 이야기하면 상대방이 자신을 싫어하게 될지도 모른다는 두려움이 너무나 컸던 것이다. 직원들 눈에 냉정한 인사 담당자로 비쳤다가는 거부당하고 고립될지도 모른다. 그에게는 인사부 동료뿐 아니라 다른 모든 사람에게 호감을 사는 일이 가장 중요했다. 반드시 해야 하는 업무정지 명령조차도 그는 최대한 '당사자가 상처받지 않도록' 전달하려 노력했다. 상대방의 행동 변화를 유도하려면 '상처 주기', 다시 말해 선 긋기가 반드시 필요하고 그것이 건설적 공격성을 발휘하는 하나의 단계라는 걸 인자는 새롭게 깨달았다. 물론 머리로는 금세 이해했지만, 감정적으로도 이를 견뎌내려면 한참의 시간이 필요할 것이다.

화-그리고-나

- 직업생활에서 분노를 느낄 때 나는 어떤 상태인가?
- 직장에서 화날 일이 자주 일어나는가?
- 그때 나는 어떻게 행동하는가?

- 내 화의 이면에는 어떤 욕구가 숨어 있는가?

- 나는 내 화와 욕구를 소리 내어 이야기하고 갈등해결에 활용할 수 있는가?

- 내가 화를 표출하면 주변 사람들은 어떤 반응을 보이는가?

- 나는 리더십을 발휘할 때 어떤 어려움을 겪는가?

- 나는 여성 리더 또는 상사가 화난 상태에서 이를 억누르는 것을 어떤 방식으로 경험했는가?

5장

화와 분노를
긍정적으로 활용하기 위하여

우리에게는 분노할 권리가 있다.
화가 치밀면 언제든 화를 낼 수 있다.
다만 '그 분노가 누구 탓인가,
누가 분노를 유발했는가'가 아니라,
'지금 이것은 누구의 문제인가'가 중요하다.

부모자아, 아이자아
그리고 어른자아

앞서 우리는 다양한 화와 분노가 어떻게 체험되는지 알아
봤다. 누구나 경험을 통해 알고 있듯 분노할 때에는 스스로
를 매우 다양한 방식으로 체험한다. 때로는 자신이 강하고
위력적인 존재가 된 것처럼 느끼며, 때로는 고통스러워하며,
또 때로는 고집스러운 태도로 불평을 늘어놓다 못해 무력해
지기도 한다. 이처럼 변화무쌍한 분노 체험은 우리 인격의
다양한 부분이 저마다 다른 방식으로 화를 체험하고 표출한
다는 사실을 알려준다.

에릭 번에 의하면 한 사람의 인격은 부모자아, 어른자아,
아이자아의 세 가지 자아 상태로 이뤄진다.[59] 자아 상태란 사

고·감정·행동방식이 하나로 연결된 상태를 뜻한다. 모든 인간은 세 가지 자아 상태 사이를 무심결에 오간다.

부모자아에는 우리가 유년기에 애착대상을 관찰하고 모방하면서 전달받은 정보가 저장돼 있다. 부모의 행동방식을 좋아했는가, 그렇지 않은가와는 별개다. 우리는 그저 기억 속에 생생하게 각인된 이 행동방식을 모방할 수 있을 뿐이다. 내면의 부모자아는 상냥하고 자애로운 동시에 비판적인 측면도 가지고 있다. 때로 우리는 부모와 똑같이 사고하거나 행동하는 자신을 깨닫고 화들짝 놀라기도 한다. 분노와 화에 대한 관념 역시 자라면서 무의식적으로 물려받기 때문에 부모의 것과 같을 가능성이 크다. 가까운 주변 사람이 우리가 방금 어머니 혹은 아버지와 똑같이 행동했다고 일깨워줄 때도 있다. 그런데 자신이 유독 싫어하는 행동방식을 비교할 때가 많기 때문에 사람들은 대개 이런 말을 그리 달가워하지 않는다.

지금까지의 삶과 유년시절의 가족에 관해 집중적으로 생각해보면 자신이 부모에게서 무엇을 얼마나 물려받았는지를 파악할 수 있다. 그중에서 지금 우리에게 유익하고 적절한 것은 무엇이고 그렇지 못한 것은 무엇인지 성찰할 수도 있다. 새롭고 긍정적인 인간관계를 체험함으로써 우리는 부모자아가 가진 레퍼토리를 점검하고 거기에 변화를 주거나 확장시킬 수 있다. 부모 외에도 우리에게 긍정적이거나 부정적인 영향을 준 중요한 사람은 수없이 많다. 교사, 친구의 부모, 혹은 조부모가 그럴 수 있다. 이들은 특별한 순간에 우리를 북돋워주거나 짐을 덜어주거나 위로해줬을 것이다.

이른바 '내면의 비판자'는 부모자아의 일부분인데, 우리에게 엄격한 기준을 제시하며 나무랄 만한 부분을 찾아내 혹독하게 비판한다. 특히 변화에 직면했을 때 내면의 비판자는 완력과 저항력을 발휘한다. 이는 인격의 한 구성요소로서 화와 분노에 대체로 자주 관여한다.

마찬가지로 인격의 일부분인 어른자아는 현재를 기준으로 삼으며, 상황을 되도록 객관적이고 선입견 없이 인지하고 성찰하고 검토한 뒤 무엇을 해야 할지 결정한다. 그렇다고 여기서 감정이 완전히 배제되는 건 아니다. 성인으로서 우리가 느끼는 분노는 소아적인 분노와는 다르며, 따라서 그것을 표출하는 행동방식 또한 다르다. 경험과 학습을 통해 어른자아는 끊임없이 확장되며, 이 인격 상태에서 부모자아의 사고와 감정과 평가가 정말 현재 상황에 적합한지도 검토할 수 있다.

아이자아, 즉 내면의 아이는 유년시절에 경험한 모든 기억의 형태로 우리 내면에 각인돼 있다. 이 자아 상태는 생기와 젊음을 유지시켜주는 한편, 현재의 우리에게 별로 유익하지 않은 옛 행동모델에 얽매이게 만들기도 한다. 말하자면 우리 내면에는 두려워하고 수줍어하는 자아, 애정 어린 자아, 활력 넘치는 자아, 호기심과 창의력을 지닌 자아, 보채고 반항하는 자아가 모두 존재한다. 아이자아에서 벗어나지 못하는 사람은 '그때와 똑같은' 감정을 느끼며 유년기의 장면을 항상 머릿속에 품고 산다.

현재의 상황과 경험이 내면의 아이를 자극할 수도 있다. 유사한 경험을 해본 적 있는 내면의 아이는 이때 자신이 나서야 한다고 느낀다. 지금도 모든 것이 예전과 똑같이 돌아갈 거라는 기대는 특정한 상황에 처한 성인으로 하여금 비슷한 상황에서 유년기에 했던 행동을 반복하게 만든다. 그 결과 오래된 소아적 기대가 굳어지는데, 심리학자들은 이를 '자기충족적 예언'이라고 부른다. 과거의 패턴을 재확인한 이후에는 어른자아에 걸맞지 않은 행동을 하게 된다. 아이자아가 나서야 할 때가 언제고 그렇지 않은 때는 언제인지 어른자아가 성찰하고 조절해야 하는 이유도 여기 있다.

이제 화와 분노가 치솟는 상황에서 세 가지 자아 상태가 어떤 역할을 하는지 살펴보자. 화에는 다양한 사고와 행동, 감정이 맞물려 있기 때문에 화가 표출되는 형태도 그만큼 다양할 수밖에 없다. 은밀하고 간접적으로 표현될 수도, 혹은 눈에 띄게 표현될 수도 있다는 뜻이다.

기분이 좋지 않을 때, 신경이 곤두서고 불만족스러울 때는 어떤 자아 상태가 관여하는가? 화난 이유가 뭔지 스스로도 정확히 설명할 수 없는 순간이 있다. 이런 기분은 흔히 유치하게 느껴지는데, 이럴 때는 스스로가 그리 강하지 않다고 여겨지기 때문이다. 누군가가 나타나서 내 일을 해결해줬으면 좋겠다는 바람이 들기도 한다. 그저 혼자 조용히 틀어박히고 싶거나 누군가 따뜻하게 안아주기를 바라는 사람도 있을 것이다. 누가 "어이구, 가엾은 것! 정말 힘든가 보구나!" 혹은 "누가 우리 아무개를 이렇게 화나게 만들었을까?"라고 말해주면 기분이 풀릴지도 모른다. 아이자아의 모습이다.

그러나 기분이 저조할 때는 부모자아 역시 적극적으로 개입한다. 신경이 예민해졌을 때는 평가 욕구가 드는데, 이는 다름 아닌 부모자아로부터 비롯될 때가 많다. 왜 기분이 저조한지 알아내고자 하는 사람은 스스로의 평가를 발견함과 동시에 일상적인 일이나 타인, 혹은 자기 자신에 대한 억눌린 화를 마주하게 될 것이다. 부모자아의 일부이기도 한 내면의 비판자는 자신과 타인의 행동방식과 갈망, 감정까지 평가하려 들며, 이때의 비판은 과장될 때가 많아서 스스로와 타인을 평가 절하한다. 이와 같은 비판적인 태도는 언제든 우리 기분을 더욱 저조한 상태로 몰아넣을 수 있다. 그럴 때는 어른자아가 등장해서 그런 평가가 적절한지 검토해야 한다.

고집스럽고 반항적인 기분에 젖어 있을 때 우리는 아이자아에 지배당하고 있는 것이다. 우리는 소리 없이 수동적으로 반항하기도, 고함을 치고 발을 굴러가며 거칠고 소란스럽게 반항하기도 한다. 아이다운 반항심은 직접적인 문제해결을 추구하기보다는 그저 날뛰고 고집을 부리려 든다. 고집과 분노가 뒤섞인 행동거지가 강경하게 지속될 때도 많다. 완고하게 행동하는 동안에는 자신이 강해진 듯 느껴지기 때문이다. 그러나 권력을 쥐고 있다는 느낌은 착각일 뿐, 이런 상태에서는 상황의 해결과 변화에 능동적으로 영향력을 발휘할 수 없다. 고집을 부릴 때에는 상대방이 변화하면 내 기분도 나아질 것이라고 기대하며, 이러한 반항적인 아이자아 상태에서는 목소리와 표정, 어휘 선택까지도 아이처럼 변한다.

'광분'했다는 말은 화와 분노가 오랜 기간에 걸쳐 누적됨으로써 어마어마하게 강력해졌다는 뜻이다. 부모자아가 우리로 하여금 오랜 기간 동안 분노를 억누르고 삼켜버리도록 만들 때 우리 내면에는 분노가 쌓인다. 그러다 보면 어른자아가 미처 성찰이나 현명한 결정을 할 새도 없이 분노가 과열된 압력솥처럼 터져버리고, 어른자아의 자기통제 기능이 상실된다. 자극이나 모욕을 받았을 때는 특히 더 그렇다. 이때는 대개 부모자아와 아이자아가 모두 적극적으로 관여하며 과거의 경험으로부터 환기된 기억을 바탕으로 반응한다. 광분한 상태에서 어른자아는 부분적으로 또는 완전히 차단된다. 분노에 휩쓸려서 정신적·육체적으로 남에게 상처를 입히는 공격적인 행동할 때 우리를 지배하는 건 아이자아와 부모자아다.

그러나 대부분은 분노가 머리끝까지 치솟아 폭발했을 때 자신이 저지른 일을 금세 후회한다. 분노를 조절할 때 어른자아를 활성화하는 일이 그토록 중요한 이유도 여기에 있다. 어른자아는 행동하기 전에 성찰하도록 우리를 통제한다. 이로써 우리는 자신이 느끼는 분노가 실질적인 불행이나 상처, 폭력, 굴욕에 대한 적절하고 성숙한 반응인지 파악할 수 있다. 인간의 기본적 가치가 훼손되는 상황에서는 '성스러운 분노'가 발생한다. 이는 넘쳐나는 에너지를 가진 강하고 위력적인 감정으로, 문제해결에 십분 활용될 수 있다. '성스러운 분노'는 우리 내면의 어른자아를 활성화시켜 행동하게 만든다.

강하고 비판적인 부모자아가 지배할 때 우리는 어떤 일이 제대로 돌아가지 않으면 금세 화를 낸다. 나아가 만사를 얕잡아보며 평가하려 든다. 스스로가 다른 사람보다 낫다고 여기는 것이다. 자신이 남보다 도덕적인 존재인 양 우쭐대며 타인에 대해 분과 노기를 품는다. 물론 어른자아 상태에서도 굴욕적인 대우를 직접 경험하거나 그런 장면을 목격할 때는 분노가 이는데 이는 자연스럽고 긍정적이라 할 만하다. 그러나 부모자아의 경멸하는 태도는 성찰 없이 즉흥적으로 모습을 드러내며 대부분 거센 저항에 맞부딪친다.

경멸은 때로 비꼼과 냉소의 형태로도 나타나는데, 유년기에 분노를 제대로 표출하지 못했던 사람에게서는 특히 더 그렇다. 누적되다 못해 어느 정도 고착돼버린 분노가 신랄하고 빈정대는 언사로 표출되는 것이다. 빈정거림과 냉소는 당사자의 생각과 말에 후추 한 알만큼이나 적은 용량으로 첨가되는데, 이때 화와 분개의 감정은 '농담'의 가면을 쓰고 있을 때가 많다. 그래서 사람들이 불쾌한 반응을 보여도 당사자는 "농담으로 한 소린데 뭘 그래"라고 대수롭지 않게 대꾸하기 일쑤다. 그 뒤에 숨어 있는 화의 의미와 정도는 차단되거나 축소된다. 냉소주의자는 자신이 직접 표출한 화에 대한 책임을 이런 식으로 면하려 드는데, 그 이면에는 비판적인 부모 자아가 숨어 있다.

아이자아 역시 분노에 관여하지만, 냉소적인 상태에서는 아이자아의 고통과 상처가 위로받지 못한다. 이때는 기본적인 기분 상태가 침울하게 유지돼 기쁨과 삶에 대한 의욕마저 약화될 수 있다. 무력한 아이자아와 울화에 젖어 만사를 냉소적으로 비하하는 부모자아가 뒤섞인 상태에서는 어른자아의 역할도 부차적인 데 그치고 만다. 그렇기 때문에 기본적으로 이런 기분 상태를 지닌 사람은 변화에 대한 가능성을 찾아내기가 어렵다.

증오를 적절한 수준으로 되돌리기

오랫동안 누적된 분노는 증오로까지 변질될 수 있는데, 이

때도 어른자아의 성찰능력이 발휘할 수 있는 영향력에 한계가 생긴다. 그 결과 증오가 어디서 비롯됐는지를 이성적으로 파악한다고 해도 이를 완화하거나 해소할 방법을 찾을 수가 없다. 부모자아의 도덕적 관념으로도 이런 증오는 제거할 수 없다. 이는 기껏해야 우리가 강한 증오심을 품는다는 데 양심의 가책을 느끼게 할 뿐이다. 증오는 우리로 하여금 고통스럽고 부당하게 여겨지는 상황 및 연관된 사람을 없애버리거나 파괴하는 데 골몰하게 만든다.

다만 과거의 수많은 수난사를 돌아보면 증오의 원인을 이해하고 납득할 수 있는 상황도 많다. 예를 들어 딸을 성추행한 교사에게 어머니가 품는 증오심이 그렇다. 이 고통과 분노는 정상적으로 극복될 수 있는 수위를 넘어서기 때문이다. 이럴 때는 증오의 배경과 발생 계기를 탐색한 후, 그러한 증오를 품은 스스로를 있는 그대로 받아들이는 게 중요하다. 동시에 증오에 지배당하지 않고 그에 대처할 비폭력적인 방법을 모색해야 한다.

증오의 감정은 아이자아에 뿌리를 내리고 있을 때가 많다. 성숙한 성찰능력으로부터 벗어나 있을뿐더러 부모자아의 일방적인 가치관과 편견에서 양분까지 얻는 탓에 증오에는 거대한 폭력 잠재성이 내포돼 있다. 이 상태에서는 이성적인 논리가 들어설 자리가 없어진다. 우리는 증오의 밑바탕에 깔린 아이자아의 무력감과 절망감보다 증오심을 더 편안하게 느낀다. 누군가를 증오하는 동안 우리는 자신이 처한 난처함의 책임을 타인에게 떠넘기고 그들을 처벌하고자 한다. 앞서 복수에 대한 환상을 다루면서 보상심리에 관해 이야기했는데, 아이자아는 상대방이 나만큼 고통받는 모습을 보면 자신의 괴로움을 견디기가 한층 수월해지리라는 주술적 환상을 품고 있다.

그러나 '부정적 정의'에 관한 이러한 관념은 착각일 뿐이다. 아이자아에게는 증오나 복수가 아니라 자신의 고통을 수용하는 일이 필요하다. 분노를 조절하고 비폭력적인 갈등해결을 모색하기 위한 성숙한 전략 또한 필요하다. 자기 내면에 복수심과 증오심이 도사리고 있다는 것을 인정하는 게 그 첫걸음이다. 흔히 수치심이 이를 방해하지만, 이런 생각과 감정을 허용하고 잠시 기다리면 그 이면에 어떤 상처와 실망이 숨어 있는지를 발견할 수 있다. 그러고 나면 증오를 다시금 정상적인 분노로 되돌릴 수 있다. 더불어 분노 에너지를 활용해서 분노의 배경이 된 갈등에 건설적으로 접근할 수 있다. 상대방을 파괴하고 차단하는 대신 어떤 변화가 필요하고 가능한지 고민하는 동시에 자신의 상처와 실망감을 돌보는 것도 필수적이다.

화-그리고-나

- 분노를 느낄 때 나는 어떤 자아 상태가 그 분노의 주체인지 파악할 수 있는가?

- 성인으로서의 분노를 나는 어떻게 체험하는가? 그 분노는 어떤 가치 및 욕구와 관련돼 있는가?

- 내 내면의 아이는 분노할 때 어떤 반응을 보이는가?

- 나의 부모자아는 화나거나 분노할 때 어떤 모습으로 나타나는가?

- 나는 부모자아의 화가 당면한 상황에서 적절한지, 아니면 윗세대로부터 이어져온 해묵은 윤리관과 관습에서 비롯된 것인지 어른자아의 도움을 받아 파악할 수 있는가?

- 나는 분노하는 내면의 아이를 수용하고 그와 대화함으로써 그가 진정으로 무엇을 필요로 하는지 파악할 수 있는가? 아니면 분노하는 아이자아를 꾸짖기만 하는가?

분노에 어떻게
다가갈까

"인간에게 분노는 자동차 휘발유와도 같다. 분노는 우리가 더 나은 장소로 전진해나갈 수 있도록 우리를 독려한다. 분노가 없다면 사람들은 난관에 맞설 수 있는 동기를 결코 지닐 수 없을 것이다. 분노는 정의와 불의가 무엇인지 구분하도록 주동하는 에너지다."[60] 아룬 간디Arun Gandhi가 자신의 저서 《분노 수업》에서 인용한 조부 마하트마 간디의 말이다. 비폭력의 대명사이자 본보기로 널리 알려진 마하트마 간디가 대체 무엇 때문에 분노를 언급했을까?

같은 책에서 아룬 간디는 다른 한 문장을 인용한다. "분노는 선한 것이며, 나는 끊임없이 분노할 것이다!"[61] 분노가 선하다는 말에는 이를 현명한 방식으로 활용해야 한다는 의미가 깃들어 있다. 그러면 이제 한 걸음 물러서서 우리 각자의 분노에 어떻게 접근할지 고민해보자.

***

먼저 감정에 건설적으로 대처하는 능력과 관련된 몇 가지 보편적인 사항을 살펴보기로 하겠다. 이 능력을 '감정 경쟁력', 다시 말해 감정을 의미 있게 조절하는 능력이라고 부른다. 여기서 '우리는 감정을 어떻게 의식하는가?'라는 질문이 가장 먼저 떠오른다. 일단 감정을 의식해야 조절할 수 있기 때문이다. 에릭 번의 제자이자 교류분석 이론의 창시자 중 한 명인 클로드 슈타이너Claude Steiner는 감정을 의식하는 다양한 단계를 묘사한 바 있는데,[62] 여기서는 이 단계 묘사를 화 및 분노와 관련지어 설명해보겠다.

자신의 분노에 제대로 접근할 수 있는 통로를 갖지 못한 사람을 가리키며 슈타이너는 '감정적 공허' 상태라는 표현을 썼다. 이 단계에 있는 사람은 자기가 어떤 감정을 느끼는지 설명하지 못한다. 아무것도 느끼지 못하는 것이다. 심한 스트레스 상황에 처했을 때는 감정적 공허가 고통과 두려움에 지배당하지 않게 해주는 보호장치로 작용할 수도 있다. 주변에 있는 사람들은 어떤 이가 감정적으로 공허하다는 사실을 인지하거나 적어도 겉모습 아래 어떤 감정이 숨어 있는지 어렴풋이 짐작할 수 있다. 그러나 당사자는 자신의 감정을 숨기고 사무적인 태도를 취하고 있다고 믿는다.

두 번째 단계에서는 신체 감각이 큰 역할을 한다. 이 단계에 위치한 사람은 자기 몸을 인지하는 접근로를 갖추고 있다. 예를 들어 심장박동이나 신체 경직, 이갈이, 양손의 긴장감 등을 감지하는데, 다만 이를 화와 연관 짓지는 못한다. 이러한 신체적 지각이 다소나마 한 가지 감정으로 편입되는 것을 가리켜 슈타이너는 '미성숙 인지'라는 표현을 썼다. 그러나 화의 감정은 여전히 거북하고 모호한 상태로만 인지된다. 이처럼 보편적인 거북함을 말로 정의하고 전달할 수 있게 된 뒤에야 당사자는 이것이 화와 분노임을 깨닫는다. 슈타이너에 따르면 이러한 언어적 난관은 익숙한 환경에서 익숙한 사람들과 함께 자신의 감정을 분류하고 전달하며 소리 내 이야기하는 법을 배워야 극복할 수 있다. 그런 뒤에야 감정을 세분화해 인지할 수 있다. 다시 말해 일반적인 거북함이나 신경과민, 화, 분노 등이 구분된다.

그다음 단계의 핵심은 인과관계다. 이 단계에서 우리는 무엇이 감정을 촉발했고, 그에 대해 개인적으로 어떤 반응을 보이는지 파악할 수 있다. 자신의 감정을 더 많이 파악하고 인지할수록 더 다양한 감정을 구분해낼 수 있다. 그리고 자기 공감과 더불어 타인의 감정적 반응에 대한 공감능력도 성장한다.

마지막 단계를 슈타이너는 '상호작용'으로 묘사한다. 이 단계에서는 자신의 감정을 잘 알고 타인의 감정까지 인지하는 것, 나아가 자신이 표출한 감정이 타인에게 무엇을 촉발하는지 그 반대의 경우는 어떠한지를 파악하고 추측하는 것이 중요하다. 다시 말해 타인과의 관계 맺음이 빚어내는 복잡한 유희가 핵심이다. "차원 높은 의식의 단계에는 감정적 상호작용이 전제된다. 우리는 자기 감정을 파악하고 타인에게 감정을 이입할 뿐 아니라 그러한 감정의 상호작용도 예측할 수 있어야 한다."[63]

그러면 분노에 접근하는 통로는 어떻게 마련할 수 있을까? 많은 여성이 자신의 화와 분노를 느끼는 데 어려움을 겪는다는 사실은 이미 언급했다. 이들은 일반적인 긴장감이나 압박감을 감지하면서 불쾌하거나 신경이 곤두서는 느낌을 받는다. 화에 대한 접근로는 우리 신체와 감정 그리고 사고에서 찾을 수 있는데 그러려면 우선 자신의 분노를 '의식하고자' 해야 한다. 그러고 나면 분노를 감지하고 수용하며 주의 깊게 관찰하는 일을 스스로 허용할 수 있게 된다. 쉽게 말해 분노와 화를 대하는 마음가짐을 바꾸는 것이 첫걸음이다.

아동기에 분노를 삭임으로써 타인에게서 인정받았던 사람이라면 이제 지금껏 긍정적인 것으로 여겨왔던 자아상에 의문을 품어야 한다. 그러는 데 성공하고 나면 마냥 친절하고 너그럽고 상냥한 태도는 더 이상 추구하지 않게 될 것이다. 이런 내적 변화가 처음에는 불안하게 느껴질 수도 있다. '이렇게 행동해도 사람들이 여전히 나를 좋아해줄까?' 우리는 스스로의 분노를 두려워할 필요도, 수치스럽게 여길 이유도 없다. "분노와 분개, 증오의 감정을 수용하는 것은 타인을 망가뜨리기 위해서가 아니라 나 자신을 내보이고 명확성을 부여하기 위해서다."[64] 분노는 흔히 타인이 아닌 자기 자신에 관해, 그리고 자신의 욕구와 상처에 관해 더 많은 것을 이야기한다. "우리 분노가 타인이 악하다는 증거로 쓰이는 게 아님을 스스로 인정해야 한다."[65]

몸으로 분노 감지하기

자기 몸에 더 많은 주의를 기울이면 '지금 이 순간'을 체험하는 법을 배울 수 있다. 몸을 정확하게 느껴보라. 발도 좋고 배도 좋다. 이렇게 하면 생각을 과거에도 미래에도 두지 않게 된다. 몸 전체 또는 각 부위를 주의 깊게 인지함으로써 자기 자신에게 온전히 집중하면 신체 외부는 물론 내부까지 느낄 수 있을 것이다. 여성에게는 특히 자궁과 난소가 위치한 신체의 중심부가 여성성을 체험하는 핵심 영역이다. 이곳이 어떻게 느껴지는가? 여성성이 자리한 중심부의 감각을 몸을 통해서 인지할 수 있는가? 신체적으로 깊이 느끼고 그것이 감각으로 전이됐을 때 어떤 직감이 드는가? 여성적 힘의 중심부인 골반을 인지하고 거기서 힘을 얻을 수 있는가?

화나 분노가 일어나면 보통은 뱃속 깊숙한 곳에서 에너지가 솟구치고, 이 에너지가 양손에서 감지된다. 화난 사람은 주먹을 불끈 쥐거나 다리에서 화를 감지하고 발을 쿵쿵 구르기도 한다. 머리끝까지 화가 치솟으면 얼굴이 확 달아오르고 목 부위에 붉은 반점이 솟기도 한다. 두 눈이 번득이고 눈언

저리가 찌푸려진다. 분노의 에너지를 억제하고 삼켜버리기 위해 이를 악물고 있노라면 턱관절이 딱딱하게 굳는다. 맥박이 빨라지면서 머릿속 압력이 상승한다. 어떤 사람은 위장이 뒤집히기라도 하는 것처럼 더부룩함을 느끼기도 한다. 혹은 격한 분노로 인해 온몸의 혈관을 채운 피가 굳기라도 한 듯 춥다는 느낌을 받는 사람도 있다.

자신의 몸 곳곳을 느껴보면, 분노와 관련된 것으로 추측할 수 있는 신호를 몸이 얼마나 보내고 있는지 체험할 수 있다. 신체적으로 얼마나 긴장했는지 느껴보라. 예컨대 목덜미와 등, 혹은 힘주어 다문 턱관절에 주의를 기울여보라. 뭔가에 관해 이야기할 때 나도 모르게 주먹을 꽉 쥐게 되진 않나? 다리와 발을 부산스럽게 떨지는 않나? 한쪽 발을 산만하게 흔들어대거나 특정한 상황에서 발을 구르기도 하는가? 호흡은 어떤가? 숨이 막히거나 호흡이 가빠질 때도 있나? 심장이 세차게 뛰고 맥박이 빨라지는가? 무거운 돌덩이라도 들어 있는 것처럼 위장이 더부룩해지기도 하나? 피부가 가려운가? 머리카락을 쥐어뜯거나 안달복달하며 손톱을 잘근잘근 씹거나 거스러미를 뜯어내기도 하는가?

자기 몸을 주의 깊게 인지하기만 해도 수많은 신호를 포착

할 수 있다. 다만 이 모든 것은 다른 여러 감정과 맞물려 있으며 모두가 화와 분노의 직접적 신호는 아니다. 그러나 일단 감각인지가 예리해지고 나면 더 많은 것을 감지할 수 있다. 이때는 스스로에게 이런 질문을 던져보라. 내 몸은 왜 바로 지금, 이렇게 반응하는 걸까? 지금 이 순간 내 몸이 원하는 것, 내 몸에 필요한 것은 무엇인가? 지금 무슨 일이 일어나고 있고, 나는 방금 무엇을 체험했는가? 지금 이 순간 나를 움직이는 것은 무엇이며 나는 무엇을 느끼고 있는가? 즐거움, 두려움, 슬픔, 화 중 무엇이 느껴지는가? 그리고 내 사고에는 어떤 작용이 일어나고 있는가?

감각으로 분노 감지하기

혹시 화를 분명히 파악하지 못하고 모호한 불편함이나 스트레스만 느끼고 있지는 않은가? 기분이 좋지 않거나 예민해져 있거나, 혹은 슬픔, 좌절감, 두려움에 휩싸여 있을지도 모른다. 감정이 선명하게 윤곽을 드러낼 때까지 느끼고 또 느껴보라. 그런 감정을 자주 느끼는가? 이 감정이 당면한 상황과 적절히 맞아떨어지는가? 같은 상황에 처했다면 다른 사람이라도 비슷한 감정을 느끼리라 생각되는가? 상황에 맞는 감정인가, 혹은 대체감정인가?

사고로 분노 감지하기

역설적으로 들릴지 모르지만, 인간의 사고도 화라는 감정이 활성화됐음을 보여주는 수많은 근거를 제공한다. 사고 과정에서 일어나는 내적인 자기 대화를 살펴보면 이런 근거가 숱하게 발견된다. 열린 태도로 이에 주목해보라. 지금껏 한 번도 입 밖에 낸 적 없는 생각이나 수치스럽게 여겼던 생각도 열린 마음으로 받아들여라. 금기시한다고 해도 '나쁜 생각'은 제지되거나 사라지지 않는다. 그 이면에 어떤 욕구가 숨어 있는지 파악하고 수용하고 추적할 때에야 비로소 힘을 잃는다.

입 밖으로 내뱉는 욕설뿐 아니라 냉소적이고 비꼬는 생각, 경멸 등도 화의 징후다. 수많은 여성을 상담한 결과 자신의 분노에 접근할 수 있는 통로가 차단된 이들, 스스로의 분노를 좋아하지 않는 사람이 오히려 타인이나 어떤 상황에 대해서는 격한 분노를 느꼈다. 그러니 평소에 사소한 비하 또는 신랄한 말을 조금 더 자주 내뱉어도 괜찮다. 분노의 감정에 양분을 제공하고 이를 느끼기 위한 첫걸음이 될 수도 있기 때문이다. 때로는 생각이 꽉 막혀버리면서 별안간 머릿속이 멍하고 텅 빈 것처럼 느껴지기도 할 것이다. 이를 기회 삼아 스스로에게 질문을 던져보라. 지금 나의 생각 혹은 감정 중에서 그리 달갑지 않게 느껴지는 것은 무엇인가?

분노의 근원 파헤치기

불교 승려이자 영적 지도자로 알려진 틱낫한은 "분노를 포용하라"[66]고 이야기한다. 우리는 분노를 열렬히 수용하고 분노의 밑바탕에 무엇이 깔려 있는지 스스로 질문을 던져야 한다. 틱낫한에 따르면 분노는 우리가 이를 주의 깊게 관찰하고 돌보지 않을 때에만 파괴적으로 작용한다. 말하자면 주의 기울이기는 스트레스와 소외에 맞서는 데 효과적일 뿐 아니라 "어린 동생들을 보살피는 큰언니처럼 우리 분노에 빛을 비추고 독려하며 자애롭게 보살피고 마음으로 돌봐준다."[67] 다시 말해 분노는 주의를 기울이고 수용해줘야 하는 존재다. 미약하고 모호한 분노든, 구체적이고 강한 분노든 마찬가지다.

그다음 단계에서는 무엇이 분노를 촉발했는지, 그 뒤에 숨은 충족되지 못한 욕구나 짓밟힌 가치는 무엇인지 파헤쳐야 한다. 그러고 나면 분노는 우리 자신을 향한 연민과 이해로

우리는 몸으로, 감각으로,
사고로 분노를 감지할 수 있으며
분노를 보살피고 활용할 수 있다.

바뀌고, 최선의 경우 타인에 대한 이해심까지 품게 해준다.

아래에 분노를 일으키는 상황 및 원인을 제시해놓았는데, 이는 절대적인 판단 기준이 아니라 그저 대략적인 길잡이일 뿐임을 미리 알리고자 한다. 분노의 이면에 어떤 욕구가 숨어 있는지 파악하는 것은 각자의 몫이다.

실제적인 분노 유발 상황 및 원인

인간의 기본욕구가 충족되지 않는 상황:

- 음식, 보호 및 안전을 향한 욕구 불충족
- 애정과 인정을 향한 욕구 불충족
- 친밀함, 사랑, 소속을 향한 욕구 불충족
- 능력발휘 및 자기효능감을 향한 욕구 불충족
- 자유와 자기결정을 향한 욕구 불충족

자기가치감 및 정체성이 침해받는 상황:

- 타인으로부터 인지되지 못함
- 존중받지 못함
- 비웃음이나 모욕을 당함
- 능력이 평가 절하됨

- 타인에게 행동을 제한받거나 방해받으면서도 속수무책임
- 개인적 경계를 존중받지 못함
- 타인의 욕구에 이용당함
- 누군가가 언어적·감정적·신체적 폭력 또는 성폭력을 행사함

중요하게 여기는 가치와 규율을 침해받는 상황:
- 일상적이고 사회적인 교류의 가치 침해
- 책임과 의무 침해
- 정의 파괴
- 사회적 규범, 정치적 가치 침해
- 환경파괴, 동물학대 등

비실제적인 분노 유발 상황

비실제적인 분노 유발 상황이란 현재 내가 겪고 있는 상황이나 나에 대한 타인의 반응을 과거의 경험에 비추어 해석하는 것을 말한다. 이때는 이 분노가 당면한 상황과 실제로 맞아떨어지는지 검토되지 않는다. 예를 들어 내가 이야기하는 동안 어떤 사람이 내 말을 경청하지 않는다고 가정해보자. 이 상황이 익숙한 경험 패턴과 맞아떨어지면 우리는 금세 짜증스러워지면서 '또 내

말을 제대로 안 듣고 있잖아!'라고 생각한다. 그 사람이 매우 중요한 어떤 일에 골몰해 있을 뿐, 경청하지 않는 태도가 나와는 아무런 관계가 없을지도 모른다는 점은 고려하지 않는다. 우리 내면의 비판자는 타인은 물론이고 자기 자신까지도 평가 절하하는 경향이 있다. 그리하여 실질적으로 분노가 유발될 이유가 없는데도 타인이나 자기 자신에게 크게 화를 내게 된다.

분노로 영향력 발휘하기

화가 난 상황에서 그 감정을 스스로 인식하고 분노의 근거까지 파악했다고 가정해보자. 그렇다면 화는 어떤 의미고, 무엇에 유익할까? 마하트마 간디는 이런 의미에서 "당신은 현재 당신이 느끼는 분노를 어디에 가장 잘 활용할 수 있는가?"[68]라는 질문을 던진 바 있다.

화를 인지하고 그 근거까지 파악했으면서도 '당신이 이러저러하니까 내가 화를 내는 거야'라는 감정에서 헤어나지 못하는 경우도 있다. 타인에 관한 생각에 사로잡히지 않으려면 충족되지 않은 나 자신의 욕구에 초점을 맞춰야 한다. 다른 누군가에게 화가 나는 이유 역시 그가 내 욕구를 충족해주지 않았기 때문이다. 이 욕구가 현재 나에게 얼마나 중요한가?

이를 관철하기 위해 목소리를 낼 만큼 중요한가? 현재 상황이 다툼을 벌이기에 합당한가? 아니면 (쿠폰 북에 화 쿠폰을 붙이지 않아도 될 정도로) 욕구를 자제할 수 있는 상황인가?

그런 다음 욕구를 관철하기로 결정하면 내적인 에너지 및 그 방향에 변화가 생긴다. 간단히 말해 "너 골치 아플 줄 알아"라고 말할 수 있게 된다. 내가 화를 표출하고 나면 상대방이 짜증스러운 상황에 처할 수 있기 때문이다. 이때 그에게 우리는 터무니없는 것을 기대하는 불편한 사람이 된다. 나의 욕구를 관철하기 위해 그를 쥐고 흔들거나 고통을 줄 수도 있다. 많은 사람에게 이는 넘기 어려운 고비다. 누군가를 골치 아프게 만들면 그가 이 상황을 부당하다고 여기리라 지레짐작하는 탓이다. 그러나 화에 건설적으로 대처한다는 것은 남을 비난하거나 몰아세우는 게 아니라 나의 욕구를 표출하고 내가 받은 실망과 상처를 내보인다는 의미다.

분노와 화를 행동으로 옮기는 것이 어떤 의미고 어떤 기능을 하는지를 정리하면 다음과 같다.

- 자신의 욕구를 옹호하고 이를 이루기 위해 투쟁한다
- 나 자신을 보호한다

- 더 큰 고통을 피하고자 하는 의지를 발휘한다

- 자신의 가치를 지키고자 한다

- 자기효능감을 느끼고 강력해진다. 다시 말해 타인에게 영향력
  을 발휘한다

- 변화를 일으킬 수 있다

화와 분노는 우리에게 이 모든 것을 위한 에너지를 부여하고 우리를 움직이게 만든다. 건전한 분노는 영향력을 발휘하고 반향을 얻고자 한다.

어떻게 화를
건설적으로 활용할까

살다 보면 버럭 화가 터져 나올 때가 있다. 화를 건설적으로 활용한다고 하니, 언제나 차분하고 사무적이고 중립적인 태도를 취하면서 감정을 잘 걸러내 절제되고 품위 있게 대응하는 모습을 상상할 수도 있겠다. 하지만 이는 착각일 뿐이다. 때로는 숨통을 틔워줄 필요도 있는 법이다.

물론 즉흥적인 분노 폭발이 모든 상황에서 적절한 건 아니다. 일단은 화를 미뤄뒀다가 기회를 봐서 대화와 언쟁을 나누는 편이 현명할 때도 있다. 우리는 결국 감정과 이성으로 무장한 존재고, 어른자아를 통해 적당한 때와 장소를 모색할 능력도 갖추고 있다. 분노가 자주, 충동적으로 일어나는 편이라면 '분노일기'나 수첩을 마련해두고 돌발적 분노가 일어날 때 무엇이 그것을 야기했는지 기록해두는 것도 좋다. 그러한 상황을 포착하고 이후 분노를 다스리는 데 그 기록을 활용할 수 있다는 걸 기억하기만 해도 마음이 조금은 가라앉는다. 더불어 이 수첩은 분노를 일으키는 상황이 항상 똑같은지, 다시 말해서 우리가 매번 똑같은 욕구 때문에 실망하지는 않는지 판단할 수 있게 해준다.

자신의 분노 및 충족되지 못한 욕구에 관해 상대방과 대화를 나눌 때는 '나 메시지' 형태를 취하는 것이 좋다. 상대방을 비난하거나 그의 말을 평가하는 '너 메시지'보다는 나 자신, 내 기분, 내게 필요한 것을 이야기해야 한다는 의미다. 즉, "너 때문에 화가 난다!"보다는 "나는 네가 무엇무엇을 하면 화가 난다!"라고 말하는 게 옳다. "당신은 내 말을 듣는 법이 없잖아!"라고 말하기보다 "당신이 내 말에 귀를 기울이지 않는 걸 보니 나를 별로 중요하게 여기지 않는 것 같아서 화가 나"라고 말하는 편이 낫다. 그런 다음에는 "중요한 이야기를 하려는 참이니 내 말을 제대로 잘 들어주면 좋겠어!"라고 바람을 덧붙일 수도 있다. 상대방을 싸잡아 평가하는 표현, 정확히 말해서 평가 절하하는 표현보다는 그의 구체적인 행동과 관련해서 내 기분이 어떠한지를 이야기하는 것이다. "어째서 항상 내 우편물을 뜯어 보는 거죠? 당신이 뭔데!"보다는 "당신이 묻지도 않고 내 우편물을 뜯어 보면 화가 나요. 그런 행동은 그만둬요!"라고 말해야 한다. 이런 형태의 갈등해소 대화법에 관한 더 많은 지침은 마셜 로젠버그의 비폭력대화 관련 도서에서 찾아볼 수 있다.[69]

때로는 신체활동을 통해 분노를 가라앉히는 방법도 유용하다. 화가 나면 조깅, 스쿼시, 테니스 등 운동을 하거나 청소를 하는 사람이 있다. 화가 나서 씩씩대는 것보다야 피곤한 게 차라리 낫지 않은가. 그러나 분노 및 분노를 초래한 욕구를 밝혀내지 않고 억지로 가라앉히려고만 든다면 분노는 몇 번이고 되살아날 것이다.

아버지나 어머니 등 특정한 사람에 대한 분노가 수없이 누적돼 있다면 그 당사자에게 '분노편지'를 쓰는 것도 유용하다. 마음이 홀가분해지는 데 도움이 되는 방법이다. 다만 이는 나 자신을 위한 것이기 때문에 굳이 당사자에게 편지를 발송하지 않아도 된다. 편지의 쓰임새는 그저 누적되고 억눌렸던 분노를 표현하고 끄집어내는 데 있다. '내적인 정화'가 목적인 셈이다. 부모를 향한 분노가 가득 차 있을 때는 어린 시절부터 받지 못했던 아버지 또는 어머니의 이해를 구하려는 끊임없는 노력을 그만두는 것이 특히나 중요하다. 이제 우리는 성인이고, 묵은 것을 털어버리고 부모에게서 심리적으로 독립하는 것도 성숙의 한 과정이기 때문이다. 물론 실망을 맛봐야 했던 자기 자신을 위로해주는 것은 괜찮다.

타인보다 나를 앞에 두기

의존성이나 공생 같은 얽힘에서 벗어나고, 움츠러들거나 다투는 대신 자신의 관점이나 욕구를 명확하게 표출하고자 하는 여성은 거센 맞바람에 부딪칠 것이다. 자신의 뜻을 힘주어 내세우면서 화와 분노의 에너지를 활용한다면 더욱 그렇다. 모든 것이 즉각 좋아지리라 믿는다면 착각이다. 관계를 맺고 있는 상대방에게는 우리의 그런 태도가 뜻밖의 변화로 여겨지기 때문에 그에 적응할 시간이 필요하다. 물론 상대방에게 적응할 의지와 능력이 있다는 전제 아래 하는 말이다. 이상적인 경우라면 사람들이 우리에게 귀를 기울이며 놀랍다는 반응을 보일 것이다. 스스로를 공개적으로 옹호하고 자신의 감정과 욕구에 관해 이야기하며 진심을 털어놓는 우리 모습을 보며 기뻐하거나 홀가분해하는 사람도 있을지 모른다. 그러나 초기에는 평가 절하하는 반응을 감수해야 할 때가 많다. 그러니 미리 마음의 준비를 하고 이에 대처할 방법을 숙지해두기 바란다. 그러면 굴하지 않고 우리가 원하는 바를 관철해나갈 수 있다.

상대방이 '눈에는 눈, 이에는 이'를 모토로 반격에 나서면서 자신의 화와 좌절된 욕구를 내세울 수도 있다. 이때는 그가 우리를 진지하게 받아들이지 않는다는 느낌이 들 것이다. 상대방이 "당신만이 아니라 내게도 이뤄지지 않은 바람이 있어요!"라고 외치면서 나름의 공평함을 요구하면 우리의 바람은 힘을 잃고 만다. 이때는 "먼저 내 말에 귀 기울여줬으면 해요. 그 뒤에 당신이 필요로 하는 걸 이야기하면 나도 경청하겠어요!"라고 말하는 게 좋다. 상대방의 반격에 더 큰 분노로 화답하면 극단적인 상황으로 치달을 수 있다. 똑같은 태도로 주거니 받거니 다툼만 벌여서는 건설적인 결과를 얻을 수 없다.

상대방이 스스로를 방어하며 어째서 그렇게 행동할 수밖에 없었는지 해명하려 들지도 모른다. 이럴 때도 상대방이 우리를 진지하게 여기지 않는다는 느낌이 들기는 마찬가지다. 나의 분노를 인지하기보다는 자기 자신에 관해 더 많은 이야기를 늘어놓기 때문이다. 설사 그가 자신의 행동이나 생각에 대한 정당한 근거를 들이댄다 해도 그것이 나의 관점에서도 똑같은 의미와 정당성을 갖는 건 아니다. 상대방이 들이미는 정당한 근거는 그를 나보다 더 중요하게 여기고 한발 물러서는 길로 우리를 유혹한다. 여기서 중요한 건 누가 옳고 그른가가 아니다. 내가 이렇게 행동하게끔 하는 모든 것을 상대방이 바라봐주는가이다. 언변이 아주 좋은 사람을 상대할 때는 특히 자신을 잃기 쉬우므로 유의해야 한다. 우리는 자신의 바람을 분명히 말로 옮길 수 있는가? 우리가 내세우는 근거가 충분히 논리적이거나 이성적인가? 그러나 여기서도 중요한 것은 따로 있다. 이를 누가 평가할 것인가? 나 자신인가, 아니면 상대방인가? 어떤 잣대를 들이대든 우리가 그렇게 느끼고 생각한다는 사실만으로 이미 충분하지 않을까?

대화를 나누고자 하는데 상대방이 갑자기 신문을 뒤적이거나 청소를 하는 식으로 딴청부리며 회피하면 좌절감이 들기 마련이다. 이런 태도는 보통 화를 돋우거나 체념하게 만든다. 그가 아무 말도 없이 방에서 나가버리거나 대화하기 매우 곤란한 시점이라고 말하면서 접촉을 완전히 차단하면 즉각 거부당했다는 느낌과 무력감이 우리를 사로잡는다. 이때는 포기하고 물러서기보다는 대화를 나눌 다른 기회를 모색하거나 요청하는 게 중요하다. 중요한 이야기는 대강 해치우지 말고 양측 모두에게 적당한 시간에 약속을 잡아 하는 것이 좋다. 어떤 여성은 한번 대화가 거부된 시점에 바로 체념하거나 기분 상한 채 물러서거나 속으로 신세 한탄을 한다. 그러고는 자신을 또 무시했다면서 상대방에게 잘못을 덮씌운다. 한탄에 빠져 있는 희생자 역할을 능동적으로 벗어버리고 때로는 의식적으로 상대방에게 다가가기 위해 자존심을 누그러뜨릴 필요도 있다. 우리 모두 결국은 뭔가를 수확하고자 하는 것 아닌가! 그러려면 스스로 전력투구해야 한다.

스스로를 옹호하고 나름의 욕구를 표현하며 타인에게 어려운 것을 요구하기 시작하면 두려움 및 죄책감에 직면할 수도 있다. 이렇게 말해도 상대방이 나를 받아들여줄까? 내가 너무 부담스럽게 구는 건 아닐까? 내가 너무 많은 걸 바라는 걸까? 예전처럼 그냥 입 다물고 쾌활한 척하면서 사람들에게 맞춰주지 않아도 그들이 여전히 나를 좋아할까? 다툼에 익숙하지 않은 사람이라면 이런 불안감이 드는 것도 당연하다.

타인의 비위를 맞춰주는 일을 그만두면 상대방은 예전처럼 자신의 욕구를 모두 채울 수 없기 때문에 부당한 일을 당한 기분이 든다. 익숙하게 누리던 걸 포기하려면 누구나 속이 쓰린 법이다. 그들은 감사의 말은커녕 기분 나쁘다는 태도를 보이며 비난하겠지만, 이 역시 ·우리가 감수해야 할 일이다. 그들의 협조를 즉각 얻지 못하더라도 지금은 우리의 욕구를 옹호하는 게 우선이기 때문이다. 일단은 타인이 아닌 나 스스로를 앞세울 필요가 있다. 다른 사람의 필요와 욕구보다 내가 우선이다. 다만, 우리로 인해 쉽지 않은 상황을 맞게 된 상대방에게 연민을 품어주는 정도는 괜찮다.

인간관계에서든 직장생활에서든 나름의 입장을 견지하고 자신의 욕구를 내세우기 시작한 여성은 역풍이 불어오면 금세 당황하곤 한다. 심한 경우, 횡성수설하면서 할 말을 제대로 못하거나 금세 포기하는 일도 벌어진다. 그 뒤에는 체념과 무기력한 분노, 자기비하 사이를 시계추처럼 오가기 쉽다. 여성이라면 대부분 이런 생각을 해본 적이 있을 것이다.

'저 사람은 나를 도무지 이해 못 해!'

'저 사람은 내 말을 귀 기울여 듣는 법이 없어!'

'이번에도 나를 진지하게 대하지 않는군!'

'사람들에게 나는 아무래도 상관없는 존재야!'

자기비하 경향이 한층 더 강한 사람은 이런 생각을 한다.
'나는 아무래도 꿋꿋하게 밀고 나가지 못할 것 같아.'
'내 생각을 분명히 표현할 수가 없어.'
'나는 너무 빨리 당황하는 게 문제야.'
'도무지 할 말이 생각나지 않아. 갑자기 벙어리가 된 것 같
은 기분이야.'

또 다른 형태의 회피전략으로 부정 또는 합리화를 활용하
기도 한다.
'생각해보면 그렇게 중요한 문제도 아니잖아.'
'어차피 바뀌는 건 아무것도 없을 거야.'
'그냥 덮고 넘어가자.'
'흥분해봐야 득 될 것도 없는데, 뭘.'

일부 여성은 거부당하거나 사랑받지 못한다고 느끼면 꿋
꿋이 버티거나 스스로를 옹호하는 대신 눈물로 반응한다. 의
도적으로 그러는 게 아니라도 눈물은 흔히 상대방에게 죄책

감을 유발한다. 상대방이 연민이나 죄책감에 휩싸인 나머지 당사자인 여성을 진정시키고 위로하기 위해 양보할 때도 있지만, 이는 좋은 해결책이라고 할 수 없다. 장기적으로는 상대방이 거리를 두거나 아예 피해버릴 수 있기 때문이다. 혹은 알게 모르게 '이용당했다'는 느낌을 받고 짜증스러운 반응을 보이거나 딱딱하게 굴지도 모른다. 눈물을 이용해 욕구를 충족하는 방식은 길게 보면 스스로를 약하게 만들 뿐이다. 상대방의 동정심을 이용해 갈등에서 우위를 점하면 자아가치감 강화에도 그리 도움이 되지 않는다. 그보다는 자신의 에너지와 분노에 접근할 수 있는 통로를 갖추는 게 중요하다. 일단 자신의 분노를 인지하고 다가갈 수 있으면, 욕구를 관철할 수 있을 만큼 강해지고 건설적인 분쟁에도 능동적으로 대처할 수 있게 된다.

분노에 대한 책임지기

내가 분노에 휩싸여서 누군가를 비판하면 상대방은 마치 '꾸지람'을 듣는 기분이 든다. 이럴 때 우리는 상대방을 질책하고 비난하고 평가하면서 그에게 선입견을 품기도 한다. 그의 행동거지에 관해 이러쿵저러쿵하며 지극히 개인적인 견

해로 그가 어떤 사람인지 떠들어댄다. 이는 모두 '너 메시지'에 해당한다. '내가 이렇게 화를 내는 건 모두 네 탓이야'라는 암시도 어느 정도 숨어 있다. 그러나 이를테면 배우자에게 화가 난다고 해서 그가 내 분노에 책임을 지지는 않으며, 그에게 죄가 있는 건 더더욱 아니다.

우리에게는 분노할 권리가 있다. 화가 치밀면 언제든 화를 낼 수 있다. 다만 '그 분노가 누구 탓인가, 누가 분노를 유발했는가'가 아니라, '지금 이것은 누구의 문제인가'가 중요하다. 상대방의 행동거지를 두고 흥분하는 건 내 문제고 그로 인해 고통받는 것도 다름 아닌 나 자신이다. 남부터 변화시킬 수는 없기 때문에 일단은 내가 상대방의 행동거지 때문에 화가 나는 이유를 고민해보는 것이 좋다. 우리의 욕구 중 어떤 부분이 충분히 인지되지 못했는가?

사람은 자신의 욕구에 스스로 책임을 진다. 우리는 이를 옹호하고 가능한 충족되도록 신경 써야 한다. 이를 실천하는 방법은 무엇인가? 자신의 욕구를 어떻게 돌봐야 하는가? 이를 위해 상대방을 힐난하고 강요하는 대신 무엇을 요청하고 바랄 수 있는가?

이러한 물음에 답을 찾으려면 현재 나의 욕구가 상대방에

의해 충족되지 않고 있다는 사실을 파악해야 한다. 그다음에는 이를 포기하거나 미뤄둬도 괜찮은지, 혹은 그래야만 하는 상황은 아닌지 고민해볼 필요가 있다. 욕구를 당장 충족하는 일을 포기하기로 결정했다면 상대방을 비난하지 않고 포기에 대한 책임을 스스로 짊어져야 한다. 그래야 희생자 역할에서 벗어날 수 있다. 욕구를 포기해야 함을 아쉬워하되, 나와 상대방 양쪽 모두에게 적당한 다른 길이 있는지 살펴본다. 이는 단순한 양보가 아니라 인간관계에서 책임감 있는 태도로 스스로를 대하는 일이다. 쉽진 않지만 서로의 성장을 돕는 일이기도 하다. "모든 관계는 우리에게 사랑하는 능력을 확장할 것을 요구한다."[70] 이때는 우리의 어른자아가 나서야 한다.

배우자나 친구에게 분노를 표현할 때는 상대방이 어떻게 받아들일지를 생각해야 한다. 이를 바탕으로 어떤 방식으로 분노를 내보여야 상대방이 완전히 압도당하고 충격을 받지 않을지 어림할 수 있기 때문이다.

상대방이 당황할 정도로 확실하고 분명하게 분노를 표현하는 것은 매우 중요하다. 그러나 숨 고를 여유 또한 줘야 한다. 그에게는 우리가 던진 말을 받아들이고 첫 충격을 극복할 시간이 필요하다. 그런 다음에야 우리의 분노에 어떻게 대처할지 고민하고 방법을 모색할 수 있다. 다시 말해 처음부터 상대방의 즉각적인 대답이나 이해를 기대하는 태도는 부적절하다. 우리의 분노 및 그 배경이 어느 정도고 무엇이냐에 따라 다르긴 하겠지만, 어쨌든 그도 처음에는 무척이나 기가 꺾이고 당황할 것이다. 혹은 그 역시 분노하고 있을지 모른다. 이 모든 긴장감 역시 우리가 극복해야 할 난관이다.

나를 찾아오는 여성들은 흔히 상대방이 화난 반응을 보이거나 맞서거나 자리를 피해버리면 너무나 견디기 어렵다고 이야기한다. 어쨌거나 대다수는 그날 하루가 다 가기 전에 '모든 게 다시 좋아지기를', 다시 말해 화해가 이뤄지기를 바란다. 그러나 분노가 강할 때는 빠른 해결책을 찾기 어려울 수 있다. 상황에 따라서는 상대방과 단순히 거리를 두는 정도를 넘어서 일시적 헤어짐을 겪는 것처럼 느낄 수도 있다. 그러나 양 당사자 모두 이를 잘 견뎌내야 한다.

분노는 우리를 행동하게 한다

다음에 소개하는 율리아의 사례는 성숙한 분노의 에너지가 명확하고 직접적인 행동을 하는 데 도움이 된다는 사실을

잘 보여준다.

율리아는 몇 년간의 싱글생활 끝에 1년 전부터 IT 전문가로 일
하는 마르쿠스와 사귀고 있다. 프리랜서 코치로 일하는 율리아
는 일을 마치면 자신의 작은 아파트에서 자유시간을 즐긴다. 마
르쿠스와 동거까지 하는 건 아직 고려해본 적 없다. 일단은 그에
관해 조금 더 알고 싶다. 때로 마르쿠스는 율리아에게 지나치게
거리를 두는 듯했고 괴짜처럼 느껴질 때도 있다. 감정이 다소 결
핍된 것처럼 보이기도 했다. 그러나 그와는 어떤 주제로든 대화
가 잘 통했다. 마르쿠스에게는 이전의 혼인관계에서 얻은 아들
이 둘 있지만, 그는 아이들에 관해서는 별로 이야기하지 않았다.
율리아도 딱 한 번 아이들을 봤을 뿐이다. 조금 이상하다는 생각
은 들었지만 그저 마르쿠스가 너무 바빠서일 거라고 생각하고
넘겼다.

마르쿠스는 이따금 율리아를 무시하는 듯한 행동거지를 했는데
그때마다 율리아는 무척이나 기분이 상했다. 그의 말투 때문에
화가 난 나머지 한밤중에 그의 집에서 뛰쳐나와 귀가한 적도 있
다. 함께 떠난 여행에서도 기대했던 친근함이나 애정을 느끼지
는 못했다. 그러나 즐겁고 멋진 순간도 많았기 때문에 이 관계를

이어나가보기로 결심했다.

그러던 어느 날, 최근 기력이 떨어진 것 같다고 하소연하던 마르쿠스가 갑자기 쓰러졌다. 의사는 그의 하복부에서 종양을 발견했고 마르쿠스는 즉시 큰 병원으로 이송돼 응급수술을 받기로 했다. 율리아는 충격에 휩싸였다.

수술을 하루 앞둔 날 율리아는 병문안을 갔다. 그런데 침대 머리맡에 낯선 여인이 앉아서 그의 팔을 쓰다듬으면서 마르쿠스 때문에 일정을 취소했다고 이야기하고 있었다. '저건 내가 해야 할 말인데'라는 생각이 순간적으로 머릿속을 스쳤다. 율리아는 당황한 기색을 분명히 내비쳤지만, 마르쿠스는 물론이고 낯선 여성도 아무런 반응을 보이지 않았다. 그때 마르쿠스의 두 아들이 모친과 함께 입원실로 들어왔다. 세 여성은 서로 인사를 나누고 향후 연락을 취하기 위해 전화번호를 주고받았다.

율리아에게는 이 상황이 어딘지 석연찮게 느껴졌다. 그래서 다른 사람들에게 마르쿠스와 단둘이 할 이야기가 있으니 잠시 밖으로 나가달라고 청했다. 아이들 엄마는 황급히 작별인사를 건넸고 다른 여성도 밖으로 나갔다. 율리아는 마르쿠스의 곁에 앉아 등을 토닥이며 물었다. "내가 들어왔을 때 옆에 있던 여자는 누구야?" 그는 큰아들의 이탈리아인 여자친구라고 대답했다. 원래 나서기 좋아하고 행동거지도 스스럼없는 편이라 그런 거니 신경 쓸 것 없다고 했다. 큰아들의 여자친구를 이미 본 적 있는 율리아는 그가 방금 본 여성과는 전혀 다르게 생겼다고 이야기 했다. 마르쿠스는 당황한 기색이었다.

율리아는 서서히 편치 않은 기분이 들기 시작했다. 그래서 밖으로 나가 낯선 여성에게 물었다. "나는 마르쿠스의 애인인데, 당신은 누군가요?" "나도 애인이에요. 7개월 전부터 만났어요. 멕시코에 함께 갔었죠." 비로소 모든 게 분명해졌다. 충격을 받은 율리아는 잠깐 심호흡을 한 뒤 마르쿠스의 다른 애인과 함께 병실로 들어갔다. "내일 당신이 마취에서 깨어났을 때 둘이 이 침대 옆에서 만나고 싶지 않아. 당신이 원하는 게 뭔지 확실히 말해." 마르쿠스는 아무 말도 못 하고 바닥만 바라봤다. 얼마간의 침묵 끝에 율리아는 작별인사를 하고 마르쿠스에게 행운을 빌어줬다. 병원 문을 나서자마자 그녀는 울기 시작했다. 담배를 세 개비나 연달아 피우면서 이 모든 상황이 악몽이 아닌가 생각했다. 그러고는 절친한 친구에게 전화를 걸었다. 완전히 무너지지 않으려면 본능적으로 믿음직스러운 누군가와 대화를 나눠야 한다는 생각이 들었다.

율리아는 세 시간 동안 숨 쉴 틈 없이 이야기를 쏟아냈다. 그러자 비로소 현실이 파악되면서 상황을 받아들일 수 있게 됐다. 저녁 즈음 마르쿠스에게서 문자메시지를 받았다. '고마워. 당신은 정말 대단한 사람이야. 진심으로.' 다음 날 아침 그녀는 답장을 보냈다. '그러는 너는 여태껏 내가 본 중에 제일 끔찍하고 더럽고 약해빠지고 정신 나간 놈이야. 너 같은 놈과 한평생을 보내지 않게 돼서 천만다행이지 뭐야. 이제 즐거운 섹스도 나눌 수 있고 나를 사랑해주고 가족과 친구도 숨김없이 소개해줄 수 있는 멋진 남자와 연애할 작정이야. 네 물건으로는 어림도 없는 일이지.' 어마어마한 분노가 서서히 가라앉기까지는 그로부터 2주일하고도 반이 걸렸다. 그녀는 마르쿠스에게 연락해 그의 상태가 어떤지 물었다. 충분히 그럴 만하긴 했지만 그래도 심한 말을 퍼부은 게 마음에 걸렸기 때문이다. 율리아는 "정신병을 앓았던 어머니에게서나 보던 헌신적인 모습을 나 자신에게서 발견하니 분노가 끓어올라 미칠 것 같았어요."라며 그때를 회상했다. 마르쿠스는 몇 번이나 용서를 빌고 자신의 행동을 변명하려 애썼다. 심리치료도 받겠다고 약속했다.

나와 상담하면서 율리아는 결연하게 이야기했다. "자명종이 아주 시끄럽게 울려야 정신을 차리는 사람들이 있어요. 빠른 시일 내에 마르쿠스를 제 마음속에서 몰아내고 내 인생의 즐거움과 욕구, 내 바람에 다시금 집중할 수 있기를 바랄 뿐이에요. 다정한 배우자도 찾고 싶고요. 마르쿠스와의 일은 그 어느 때보다 강한 모습으로 극복할 수 있었어요. 제가 잘못한 건 없어요. 스스로에게 회의를 품을 필요도 없지요. 또다시 이런 일이 생긴다면 조금 더 인내심을 발휘할 수 있을 것 같긴 해요. 엇나간 상황도 조금 더 빨리 알아채고 받아들일 수 있을 테고요. 다만 타인에 대한 신뢰는 잃지 않을 거예요. 그러지 않으면 어떤 인간관계도 시작할 수 없을 테니까. 이제야 제 마음에도 여유가 생겼어요."71

율리아의 이야기에서 주목할 점은 마르쿠스의 배신을 알게 됐을 때 그가 무척이나 명확하게 행동했다는 사실이다. 그는 스스로를 보호하기 위해 용기를 끌어 모아 즉각적이고도 분명하게 선을 그었다. 그렇게 할 수 있도록 도운 것은 다름 아닌 분노 에너지였다. 중병을 앓는 마르쿠스에게 연민이 없진 않았지만, 그 때문에 행동에 제약을 받는 일은 일어나지 않았다. 병원에서 큰 소동을 벌이지 않고도 분명하고 직접적으로 행동함으로써 자기 자신을 돌본 것이다. 그 뒤에는 마르쿠스에 대한 실망감에서 비롯된 괴로움과 슬픔, 분노를 해소하기 위해 친구에게 지지와 위로를 구했다.

마르쿠스에 대한 연민은 이후에도 얼마간 사라지지 않았지만 그보다는 자기연민이 더 강했다. 대단한 여인이라며 그를 추켜세우는 마르쿠스의 문자메시지에도 혹하지 않고 명료하며 오해의 소지 없는 반응을 보일 수 있었다. 자신이 받은 상처를 마르쿠스에게 확실히 전달하기 위해 강한 표현을 사용한 것 역시 적절한 선택이었다. 과거의 사연을 발판 삼아 쓰라린 실망감을 납득하고 수용하는 모습은 보는 사람을 흐뭇하게 한다. 이로써 율리아는 보다 건전한 인간관계와 더 큰 자존감과 자기애를 향해 한 걸음 내딛을 수 있었다.

분노를 목적에 맞게 사용할 수 없다면

미국의 심리치료사 겸 교류분석가 조지 톰슨George Thomson은 감정이 목적에 부합할 때와 그렇지 못할 때를 구별한다. 그는 감정의 기능 및 시간 설정에 주목한다. 예를 들어 두려움은 우리를 예측 가능한 위협으로부터 보호하는 기능을 하며 그에 부합하는 예방적 행동을 취하게 만든다. 시험을 앞뒀을 때 밀려드는, 불합격에 대한 두려움을 예로 들어보자. 이 두려움의 시간은 미래로 설정돼 있으며, 그에 대처하는 목적 지향적이고 의미 있는 행동은 시험공부를 하는 것이다.

또 다른 사례를 들어보겠다. 도로에서 어떤 자동차가 경적을 울린다. 그러면 우리는 깜짝 놀라며 두려움에 휩싸이고, 그 결과 즉각적으로 주의력이 상승한다. 반면 고통과 슬픔은 과거를 향해 설정돼 있는 감정이다. 누군가, 혹은 뭔가를 잃었을 때 우리는 슬픔에 잠긴다. 슬픔을 느끼는 시점은 물론 현재지만, 이때 우리의 시선은 한때 존재했던 뭔가로 되돌아가 있다.

화와 분노는 또 다르다. 누군가가 내 경계선을 침범하고 무례한 태도로 나를 대하거나, 내게 고통을 주거나, 내가 중요하게 여기는 욕구를 무시했다고 가정해보자. 이때는 화와 분노가 일어나는데, 이때의 감정은 실망감을 느끼는 현재에 온전히 초점이 맞춰져 있다. 이런 화와 분개는 특정 인물이나 상황에 영향력을 행사하고 그 사람 또는 그의 행동을 변화시키고자 하는 바람과 연결된다.

상황이 개선되면 그와 더불어 화는 점차 누그러지다가 마침내는 완전히 사라진다. 그러나 상황이 이미 오래전에 종료됐는데도 화가 남아 있다면 그 화는 더 이상 목적에 부합한다고 할 수 없다. 다시 말해 해당 상황이나 사람에 대한 화가 몇 달 혹은 몇 년이 지나도록 가시지 않는다면 제대로 화내지 못하고 묵혀둔 셈이다. 이때의 화는 '누적된' 감정이다.

　나 자신이나 타인이 변화할 준비가 돼 있지 않았거나 현실적인 어려움 때문에 화를 이용해 상황을 변화시키지 못했다면 결과적으로 욕구 충족이 불발된다. 이때는 화를 놓아 보내고 아쉬워하는 과정이 필요하다. 과거의 분노를 계속해서 품고 있다면, 그 이유는 욕구를 충족하지 못했다는 괴로움을 부정하기 때문이다. 마음의 평화를 얻으려면 충족되지 못한 과거의 욕구 및 그에 따른 고통과 미련을 놓아버려야 한다. 욕구 충족 불발과 그에 대한 실망감을 받아들이고 나면 과거를 놓아 보내고 자유롭게 현재를 누리면서 미래를 새롭게 계획할 수 있다.

복합감정에 대처하기

　또한 감정은 항상 명확하지는 않아서 여러 감정이 동시에 느껴지기도 하고 서로 섞이거나 중첩되기도 한다. 게다가 특정 감정을 수용하는 동시에 거부감을 느끼는 등 서로 모순될 때도 있다. 분노를 느끼면서 그 감정을 수치스럽게 여기는 것도 그중 한 가지 예다. 또한 남편을 사랑하는 동시에 그에게 강한 분노를 느끼면서 감정적으로 이리저리 흔들리고 어

떤 감정에 따라야 할지 혼란스러울 수도 있다. 화와 연민이
뒤섞일 때도 있는데, 이때는 연민에 의해 화가 가려지고 거
부되며 완전히 억제될 수도 있다. 이처럼 분노와 두려움, 슬
픔 등 여러 가지 감정이 한꺼번에 촉발되는 것을 '복합감정'
이라고 부른다.

까다로운 사건은 흔히 복합감정을 불러일으킨다. 폐업으
로 직장을 잃은 여성을 생각해보자. 그는 분개하고 두려워하
는 동시에 슬퍼한다. 현재 상황에서 비롯된 실망감과 무력감
은 그를 분노하게 만들고 직장과 수입, 동료를 잃는다는 생
각에 슬픔이 솟구치며, 앞으로 그만큼 좋은 직장을 구할 수
없을지도 모른다는 두려움도 엄습한다. 이 여성이 세 가지
감정을 모두 수용할 수 있다면 힘든 상황을 극복하는 데 도
움이 될 것이다. 그러나 한 가지 감정에 사로잡혀 다른 감정
을 인지하지 못하거나 거부한다면, 그 하나의 감정이 그를
지배해서 난관을 극복하는 데 장애물로 작용할 것이다.

다음 안나의 사례에 비춰 두려움과 분노, 슬픔이라는 세
가지 감정의 관계를 좀 더 자세히 살펴보기로 하자. 난관을
극복하는 데 이 세 가지 감정이 절대적으로 필요한 이유를
알 수 있을 것이다.

안나는 4년 전부터 마틴과 사귀는 중이다. 작은 아파트에서 동거를 시작한 지도 어느덧 3년이 넘었다. 두 사람 모두 직장에 다니며 아직 자녀는 없다. 둘 다 트레킹을 즐기고 탱고를 좋아한다. 병원에서 교대근무를 하는 안나가 저녁 시간에 탱고 강습에 가지 못하면 마틴 혼자 참여한다. 그곳에서는 늘 남자 수강생이 큰 환영을 받는다. 그래도 안나는 크게 신경 쓰지 않는다. 마틴과의 관계에 만족하고 그가 춤을 즐기는 것도 반가운 일이기 때문이다. 안나는 자신의 일을 사랑하며 직장 동료 사이에서 커다란 인기를 누린다. 다만 교대근무가 쉽지만은 않고 동료 중 누군가 아프면 대체근무를 서야 한다는 단점도 있다. 그렇다 보니 안나와 마틴이 집에 함께 있는 시간이 일주일에 채 몇 시간 안 될 때도 있다. 안나는 마틴의 애정 표현을 좋아하지만 과도한 업무에 지쳐서 집에 돌아올 때면 그와의 잠자리조차 내키지 않는다. 그의 곁에 드러누워 텔레비전을 보고 싶은 마음뿐이다.

댄스 강습이 끝난 뒤에 마틴이 아주 늦게 귀가하는 일이 잦아지자 안나는 화를 내기 시작했다. 그가 구구절절 늘어놓는 변명도 믿을 수 없었다. 안나는 질투심에 휩싸였다. 어느 날 안나가 잠자리를 시도했는데 마틴이 등을 돌리며 거부했다. 그러고는 이내 다른 사람을 만나고 있다고 실토했다. 심지어 자신과도 안면이

있는 댄스 강습생이 그 상대라는 걸 알게 된 안나는 충격과 모욕
감에 휩싸였다. 안나는 마틴에게 고함을 치며 비난한 뒤 자리를
박차고 나가 거실 소파에서 잠을 청했다.

자, 안나는 격한 감정의 소용돌이에 어떻게 대치해야 할
까. 이때 적절한 대응은 무엇이고, 그 자신의 감정에서는 어
떤 도움을 받을 수 있을까?

그가 느끼는 감정으로 가장 먼저 커다란 실망감을 들 수
있다. 또한 그와 동시에 분노하고 있다. 마틴이 신의를 저버
리고 다른 사람을 만났기 때문이다. 마음 같아서는 주먹으로
그의 가슴을 마구 치며 다른 여자와의 관계를 당장 끝내고
두 번 다시 이런 일을 벌이지 말라고 고함을 치고 싶을 것이
다. 안나는 분노 에너지로 마틴을 뒤흔들며 그의 행동거지가
자신에게 어떤 감정을 유발했는지 느끼게 해주고자 한다. 이
상황을 어떻게 수습할지 마틴이 고민하도록 만들고 싶다.

실망감과 분노만이 아니다. 깊은 슬픔도 안나를 덮쳤다.
그가 생각하던 이상적인 신의는 산산조각 났다. 이제 돌이킬
수 없다. 안나는 이 고통을 받아들일 수 있을까? 스스로를 위
로하거나 다른 누군가에게서 위로를 받을 수 있을까? 친구

가 이야기를 들어주고 위로해줄까? 마틴이 위로해주기를 바라는 건 아닌가? 하지만 이토록 분노하게 만든 장본인이 어떻게 안나를 위로한단 말인가? 그러면 그저 분노를 품은 채 자신을 배신의 희생양으로 여기면서 마틴에게 비난을 퍼부어야 하나? 그렇게 하면 고통을 피할 수 있을지도 모른다. 아니면 두려움에 자신을 내맡긴 채 마틴과의 관계가 앞으로 어떻게 될지 전전긍긍하면서 스스로를 괴롭힐 수도 있다. 마틴이 과연 그 관계를 끝내고 싶어 할까? 상대 여성을 계속 만나고 싶은 건 아닐까? 안나는 마틴에 대한 신뢰감을 되찾을 수 있을까? 다른 여성과 관계를 맺은 그를 여전히 곁에 두고 싶은가? 이처럼 미래에 초점을 맞춘 불안한 생각에 사로잡히면 그나마 잃어버린 것에 대한 현재의 분노와 슬픔은 피할 수 있다.

세 가지는 모두 적절한 감정이다. 마틴과의 관계를 되돌리고 신의를 되찾고 싶다면 안나에게는 분노가 필요하다. 깨져버린 신뢰와 그로 인한 고통을 받아들이고, 더 이상 가질 수 없게 된 것을 놓아 보내려면 슬픔이 필요하다. 약간의 두려움도 적절하다. 이 관계는 어떻게 될 것인가? 안나는 이제 두려움에서 벗어나 마틴에 대한 신뢰를 되찾을 방법이 무엇인지 숙고해야 한다. 이 관계에 매여 있기는 두 사람 모두 마찬가지기 때문이다.

화-그리고-나

- 나는 어려운 상황에서 분노, 슬픔, 혹은 두려움 중 한 가지 감정 상태에 지배당하는 편인가?
- 나는 세 가지 감정을 병렬적으로 혹은 한꺼번에 인지할 수 있는가?
- 내 분노와 고통, 두려움에 대응하기 위해 나에게 필요한 것은 무엇인가?
- 나는 고통받는 스스로를 있는 그대로 받아들이고 달래며 위로할 수 있는가?
- 나는 분노의 배경을 탐색하는 데 충분한 시간을 들이는가?
- 이를 위해 분노하기를 잠시 멈춘 채 생각에 잠길 시간을 갖는가?
- 욕구를 모두 충족할 수 없음을 자각하되, 내 욕구를 구체적으로 전달할 수 있는가?
- 타인이 분노할 때 그들의 말에 귀 기울일 수 있는가?
- 상대방의 욕구가 무엇인지 묻고 나 자신을 방어하는 태도를 내려놓을 수 있는가?

6장

세상을 함께 살아갈
남성들에게

상대 여성의 욕구가 뭔지 물어본다는 게

그 욕구를 모두 충족시켜줘야 한다는 의미는 아니다.

그저 귀를 기울이고 그 자체로 존중해주면 된다.

스스로와 여성을
진심으로 대한다는 것

친애하는 남성들이여.

여성의 분노를 다룬 책을 선택한 당신에게 나는 2인칭을 사용해 이야기하고자 한다. 당신이 여성의 분노에 관심을 가 졌다는 사실이 기쁘기 그지없다. 혹시 여성의 분노를 (이따 금) 두려워하고 있는가? 부디 그런 건 아니기를 바란다. 여성 이 분노를 적절히 활용하는 건 당신에게도 이로울 수 있다.

아마도 당신은 전반적인 여성, 그리고 개인적으로 알고 지 내는 여성이 분노할 때, 나아가 충동적이고 격렬하게 분노를 폭발시킬 때 그에 어떻게 대처해야 할지 몰라 어려움을 겪고 있을 것이다. 아니면 분노를 삼켜버리고 삭이는 배우자 때문에 고민스러울 수도 있다. 한 번쯤은 특정한 사항을 실질적으로 해명할 수 있도록 배우자가 직접적으로 표현해주기만을 바라고 있을지도 모른다. 당신이 살면서 만나본 여성 중에는 끊임없이 푸념을 늘어놓거나 연민을 사려고만 할 뿐, 타인과의 관계나 가족, 직장에서 스스로 뭔가를 변화시키기위해 화를 이용하지 않는 이들도 있었을 것이다.

내가 분노 및 그것이 표출되는 양상에 관해 쓴 글들 중 다수는 여성은 물론이고 남성을 위한 것이기도 하다. 당신 역시 책을 읽으며 분노를 인지하고 수용하는 데 어려움을 겪는 스스로의 모습을 발견할 수 있었을 것이다. 혹은 당신 자신이 쉽게 화를 내고 언성을 높이며 가끔은 격분해서 물건을 벽이나 바닥에 집어던지는 사람일지도 모르겠다.

여성의 분노에 관해 남성들과 대화를 나누면서 대다수 남성이 이 주제를 모호하고도 거북하게 느낀다는 사실을 깨달았다. 여성에게 내가 '여성과 분노'라는 주제를 다루고 있다고 이야기하면 "아, 정말 중요한 주제를 다루시네요!"라는 반응이 나온다. 그런데 남성은 대개 "어려운 문제를 다루시는군요!"라고 대답한다. 물론 대다수 남성은 직장에서든 집에서든 여성이 기분 좋고 상냥하고 안정적이기를 바랄 것이다.

여성이 화를 내면, 특히 자신을 상대로 화를 내면 일차적으로는 불편한 심정이 들기 마련이다. 한 남성은 언젠가 내게 "걸핏하면 버럭 화내는 여자와 결혼하고 싶은 남자가 어디 있겠습니까?"라고 말했다. 이 남성의 반응에 나는 생각에 잠겼다. 이 남성은 과연 분노하는 여성에 대해 어떤 관념을 갖고 있는 것일까? 마치 분노를 한 인간에게 달라붙어 있는 성격적 특성으로 간주하는 것 같았다. 이 남자는 분노하는 여성을 어떻게 경험했으며, 그때 그에게 충격과 상처를 준 것은 무엇이었을까? 또한 그 자신의 분노에 관해서는 어떤 관념을 갖고 있을까?

남녀를 불문하고 분노가 통제할 수 없이 급격히, 그리고 위력적으로 터져 나오는 순간은 충격적이다. 이 상황에서 남성이 아버지와 다투고 갈등을 극복하는 법을 배웠는지를 추측해보는 것은 매우 흥미롭다. 이들은 아버지를 향해 분노를 공공연히 표출할 수 있었는가? 어머니에게 분노를 거리낌 없이 내보일 수 있었는지도 흥미로운 문제다. 내 경험에 의하면 남성은 유년시절 2~3년에 불과한 반항기를 빼면 대부분 어머니 앞에서 분노를 마구 폭발시키는 데 어려움을 겪는다. 아마도 여성의 분노에 직면했을 때나 스스로 여성을 향해 분노를 품는 일이 특히 어렵게 느껴질 때가 많기 때문일 것이다. 아버지에게 화를 표출할 때도 흔히 권위나 엄격함 때문에 어려움을 느끼기는 하지만 어머니가 상대일 때보다는 쉽게 느껴진다. 어머니와 마주할 때는 분노를 가로막는 여러 감정이 보다 많이 작용하는 탓이다.

어린 시절 어머니나 중요한 여성 애착대상이 다소 심약하고 건강이 좋지 않아서 난관에 부딪힐 때마다 쉽게 울음을 터뜨렸다면 이 또한 여성을 향한 분노를 가로막는 또 하나의 요인일 수 있다. '연약한' 여성에게 분노를 터뜨려 힘들게 만들었다는 죄책감에 시달리기 때문이다.

이런 남성은 성인이 된 현재 분노에 찬 여성을 마주했을 때 스스로에게 다음과 같은 질문을 던지는 게 좋다. 상대 여성이 분노를 표출하는 방식이 파괴적인가, 건설적인가? 자신의 분노를 옹호하면서 자신에게 진정으로 중요한 것이 무엇인지, 분노 뒤에 숨은 욕구가 무엇인지 내게 이야기할 수 있는가? 혹은 그저 나를 공격하고 비난하며 죄책감을 유발하는 게 목적인가? 여성이 울먹이며 횡설수설하는 탓에 뭐가 문제인지 내가 스스로 알아내야만 하는 상황인가? 분노에 차서 언성을 높이고 파괴적으로 행동하면서 지나치게 비하하는 발언을 퍼부어 나로 하여금 움츠러들고 자기방어에 나서게 만드는가? 혹은 그가 진정될 때까지 기다리고 싶은가?

자신의 어떤 점이 여성, 특히 배우자의 분노를 불러일으키는지 당신 스스로 짐작할 수 있는가? 당신에게도 분노 폭발을 유발하는 요인이 있는가? 여성에게 비난을 받는다거나 하면 다른 모든 남성처럼 분노가 치미는가? 혹은 어떤 여성(혹은 배우자)이 지나치게 간섭하거나 너무 많은 것을 요구하면 신경이 날카로워지는가?

여성이 자신의 분노를 중요하게 여겨야 한다는 말은 상대방에게, 다시 말해 남성에게 마구 분노를 쏟아부어도 된다는 의미가 아니다. 분노의 목적과 의미는 더 많은 다툼을 일으키는 게 아니라 열린 태도, 건설적인 태도로 서로를 대하는 데 있기 때문이다.

앞서 나는 당신에게 일련의 질문을 던졌다. 아마 대답은 사람마다 천차만별일 것이다. 나는 분노와 화라는 주제에 관해 성찰하도록 당신을 독려하고자 한다. 자신의 분노, 주위 여성의 분노를 접할 때 당신이 어떤 상태인지 성찰해보라. 수없이 많은 남성과 상담을 나누면서 나는 흥미로운 결과를 얻었다. 바로 그들 중 다수는 같은 남성의 분노 및 남성을 향한 분노에 대응하는 것을 훨씬 수월하게 여겼다는 점이다. 남성 사이의 갈등은 대체로 사무적이며 스포츠와도 같은 싸움(경쟁)으로 받아들여진다. 그에 반해 여성을 향한 분노는 남성에게 어렵게만 다가온다. 지나치게 언성을 높이면서 힘을 과시하면 위압과 위력을 행사한다는 비난을 듣기 십상이고, 그렇다고 부드러운 태도를 보이면 남자답지 못하다는 비웃음을 살 수도 있다.

이렇듯 대략적으로만 살펴봐도 여성과 마찬가지로 분노에 적절히 대처하는 데 커다란 어려움을 겪는 남성이 많다는 걸 알 수 있다. 그러나 이 책의 주제는 어디까지나 여성의 분노에 대처하는 방법이다. 여성의 분노에 직면한 많은 남성은 죄책감을 피하기 위해, 혹은 그 분노를 너무 강하게 감지하지 않기 위해 그저 기다리거나 별일 아니라는 태도를 취한다. 침묵하거나 할 말이 없다는 태도는 '그냥 아무 말도 하지 말자! 어차피 무슨 말을 해도 내가 틀렸다고 할 테니'라는 의미다. 또 어떤 남성은 여성의 화에 사무적인 논쟁으로 맞서거나 즉각 해결책을 찾아 나서려 들기도 한다.

이 모든 행동은 화를 현명하게 활용하는 데 그다지 도움이 되지 않는다. 화의 진짜 원인, 다시 말해 실망과 상처, 그리고

중요한 것은
서로를 이해하려는 마음가짐이다.

그 뒤에 숨은 욕구까지 규명해야 진짜 현명한 방법이라고 할 수 있다. 주위의 어떤 여성이 또다시 분노를 폭발시킨다면 심기가 불편하더라도 조용히 귀를 기울여보는 게 좋다. 그런 다음 무엇이 그 여성을 그토록 분노하게 만들었는지 물어보라. 당신의 행동 중 어떤 부분이 그를 짜증스럽거나 실망스럽게 만들었는지도 확인하라. 상대방이 당신의 행동을 그렇게 느꼈음을 인정하려는 노력은, 상황이 일촉즉발로 치닫는 걸 막는 첫걸음이 될 수 있다. 물론 그렇게 한다고 해서 당장 잘잘못이 가려지거나 누가 무엇을 해야 하는지 결정되지는 않는다. 중요한 것은 이해하려는 마음가짐이다. 일단 상대 여성과 더불어 그 분노 뒤에 숨은 욕구와 가치를 탐색해보라. 해결책을 찾기까지는 시간이 더 걸릴 것이다.

상대 여성의 욕구가 뭔지 물어본다는 게 그 욕구를 모두 충족시켜줘야 한다는 의미는 아니다. 그에 관해 숙고해볼 내적인 자유와 시간이 있다면 그저 귀를 기울이고 여성의 필요를 그 자체로 존중해주면 된다. 그 이상도 이하도 필요 없다. 때로는 "미안해요"라는 진부한 말 한마디만으로도 상황의 악화를 막을 수 있다. 물론 이때는 진심에서 우러나는 말이어야 한다는 전제가 필요하다.

이 책을 빌미로 남성들에게 여성을 어떻게 대하라고 설득하려는 의도는 없다. 그저 분노를 수용하고 그 배경을 탐색하는 일이 당신 자신은 물론 여성과의 관계에(물론 남성 간의 관계에도) 얼마나 큰 도움이 되는지 귀띔해주려는 것뿐이다. 그 과정에서 당신 자신에 관해 더 잘 알게 될 뿐만 아니라, 당신 삶과 인간관계에서 진정으로 중요한 것을 위해 분노 에너지를 사용하는 법도 배울 수 있을 것이다. 남녀관계에서는 남성 역시 자신의 분노를 옹호하고 그 뒤에 숨어 있는 욕구를 탐색하고 전달할 수 있어야 한다. 이는 자신뿐 아니라 상대방을 진심으로 대하는 태도이기도 하다. 상대 여성을 갈등에 대처할 능력이 있는 개인으로 간주하고 존중한다는 뜻이며, 그런 사람이 되도록 여성을 독려할 수도 있다.

이제 당신은 분노가 자신의 개인적 발전에 얼마나 큰 '선물'인지 여성과 더불어 배워나갈 수 있을 것이다.

화를 받아들이고
사랑하라

분노를 사랑하는 법을 배울 수 있을까? 물론 그렇다! 그리 멋지고 기분 좋게 느껴지는 감정은 아닐지라도 분노는 매우 중요하다. 분노의 배경을 탐색해나가다 보면 자기 자신에 관해서는 물론, 타인 및 세상과 더불어 살아가는 일에 관한 귀한 가르침을 수없이 얻을 수 있다. 분노에 주의를 기울이면 단순한 공격성이나 냉혹한 분노가 점차 조금은 온정적인 분노로 변모해간다. 우리 자신 및 타인과 더 잘 접촉하고 인간관계를 개선·심화하는 데 분노를 활용할 수 있게 되는 것이다. 온화한 마음이 작용하지 않고는 불가능한 일이다. 말하자면 '결연한 분노'에는 타인을 향한 비하와 파괴가 아니라 더

나은 어울림을 위한 노력이 담겨 있다.

분노에 건설적으로 대처하는 법을 배우는 동안에는 스스로에 대한 믿음이 필요하다. 그저 있는 그대로 괜찮다는 마음가짐을 가져야 한다. 분노를 표현하려면 스스로를 옹호하는 태도와 인간관계에 대한 기본적인 믿음도 있어야 한다. 당연히 서로를 귀하게 여기는 기본적인 태도가 이를 훨씬 더 수월하게 만들어준다. 더불어 나름의 욕구와 상처받기 쉬운 부분, 도움이 필요한 부분까지 내보일 수 있는 용기가 필요하다. 지금껏 나는 수많은 여성과 분노에 관해, 정확히 말해 '그들의' 분노에 관해 깊은 대화를 나눴는데 이들은 대체로 자신의 욕구를 탐색하고 전달하기 시작하면서 분노의 강도가 약화되고 화를 내는 일 자체도 줄어들었다고 말했다. 물론 그렇게 하는 데 언제나 성공하는 건 아니다. 그러나 자신의 편에 선다면 스스로를 분명 더 아낄 수 있게 될 것이다.

"분노를 현명하게 활용하라. 사랑과 진실을 찾는 여정에서 분노가 당신을 도울 것이다."[72]

감사의 말

내게 분노와 관련된 개인적 사연과 경험을 들려준 수많은 여성과 남성에게 감사의 말을 전한다. 인터뷰를 진행하면서 우리는 화의 패턴과 인생 전반 사이의 관계를 규명하기 위해, 쉽게 알아챌 수 있는 삶의 흔적은 물론 꼭꼭 숨어 있던 흔적까지도 함께 추적했다. 대화를 나눈 남녀 중 다수는 이 주제에 관한 소규모 연구 프로젝트에도 참여했다.

분노라는 주제에 관한 내 질문에 대답해주고, 자신의 경험과 생각을 나눠준 부부와 연인에게 특별한 감사를 전하고자 한다. 이들 중 다수가 (자신과 타인의) 분노에 관해 이야기하는 게 유익했다고 말했다. 당장 분노에 휩싸이지 않은 상태에서 나누는 대화였기에 더욱 그랬다.

동료들에게는 더욱 특별한 감사를 전한다. 이 책의 주제에 관해 동료들과도 심도 있는 토론을 나눴다. 때로는 열띤 논쟁이 벌어지기도 했다. 모니카 크라머Monika Kramer는 여성 리더의 분노라는 주제와 관련해 귀중한 자극과 경험을 나눠줬고, 나의 동료 크리스티나 크로서Christina Crowther는 원고 교정에 열정적으로 도움을 줬다. 보이지 않는 곳에서 물심양면으로 도와준 편집 담당자 우샤 스와미Usha Swamy와 산드라 체크Czech, 유디트 마크Judith Mark에게도 마찬가지로 깊은 감사의 마음을 전한다.

마지막으로 나 자신의 분노를 받아들이고 이해할 수 있도록 도와준 모든 사람에게 깊이 감사하는 바다. 그 덕분에 예전에는 거의 감지하지도 못하던 화를 어느덧 귀중히 여기게 됐다. 분노하는 한, 진정 중요한 것에 집중할 수 있는 힘과 에너지를 얻을 수 있다.

| 참고문헌 |

Almut Schmale-Riedel, <Kein Raum für Lebensfreude? Vom
Freudlosskript zu einer erfüllenden und glücksfähigen Zu-kunft>,
in D. Riess-Beger (Hrsg.), 《Zukunft denken - Wandel gestalten.
Perspektiven zu persönlicher Entwicklung, gesellschaftlicher
Veränderung und ökonomischem Erfolg》, Lenge-rich: Pabst Science,
2015.

Almut Schmale-Riedel, <Vertrauen, Bindung und Autonomie-Sehnsucht
und Herausforderung>, in Schulz-Wallenwein, U. (Hrsg.), 《Geschichte
und Geschichten - Einflüsse auf Leben und Gesellschaft》, Lengerich:
Pabst Science, 2014.

Anita Timpe, 《Ich bin so wtend! Nutzen Sie die positive Kraft Ihrer
Wut》, Norderstedt: BoD, 2014.

Anja Haegele, 〈Gewalt ist männlich, Gemeinheit weiblich〉, 《GEO
Wissen》, Nr. 32, 2003, pp. 80~87.

Daniel Dufour, 《Wut ist gut! Wie unsere Emotionen uns helfen und
heilen können》, Murnau: Mankau, 2014.

Eric Berne, 《Spiele der Erwachsenen. Psychologie der menschlichen
Beziehungen》, Reinbek bei Hamburg: Rowohlt, 1975.

Eric Berne, 《Was sagen Sie, nachdem Sie guten Tag gesagt haben?》,
München: Kindler, 1975.

Fanita English, Klaus-Dieter Wonneberger, 《Wenn Verzwieflung
zur Gewalt wird. Gewalttaten und ihre verborgenen Ursachen》,
Paderborn: Junfermann, 1992.

George R Bach, Herb Goldberg, 《Keine Angst vor Aggression. Die Kunst der Selbstbehauptung》, Frankfurt/M.: Fischer, 20판, 2014.

George Thomson, 〈Angst, Zorn und Traurigkeit〉, in 《Zeitschrift für Transaktionsanalyse》, Heft 2/3, Paderborn: Junfermann, 1989.

Gisela Storz, 《Wut. Warum Kinder wild werden》, Weinheim: Beltz, 2014.

Hans Jellouschek, 《Wie Partnerschaft gelingt- Spielregeln der Liebe》, Freiburg: Herder, 1998.

Hans-Peter Nolting, 《Lernfall Aggression. Wie sie entsteht wie sie zu vermindern ist》, Reinbek bei Hamburg: Rowohlt, 1978.

Harriet Lerner, 《Wohin mit meiner Wut? Neue Beziehungsmuster für Frauen》, Frankfurt: Fischer, 2001.

Heidi Kastner, 《Wut. Plädoyer für ein verpöntes Gefühl》, Wien: Kremayr & Scheriau, 2014.

Joachim Bauer, 《Prinzip Menschlichkeit. Warum wir von Natur aus kooperieren》, Hamburg: Hoffmann und Campe, 2006.

John Archer, 〈Sex differences in Aggression in Real-World-Set-tings: A Meta-analytic Review〉, 《Review of General Psychology》, Vol 8 (4), 2004, pp. 291~322.

Mary McClure Goulding, 《Kopfbewohner oder: Wer bestimmt dein Denken?》 Paderborn: Junfermann, 1968.

Maurice Sendak, 《Wo die wilden Kerle wohnen》, Zürich: Diogenes, 2013.

Peter Schellenbaum, 《Aggression zwischen Liebenden》, München: dtv, 2002.

Petra Reeg-Herget, 《Was die Kinderseele stark macht》, Ludwigshafen: Rosamontis, 2008.

Sam Jolig, ⟪Wut tut gut. Ein starkes Gefühl verstehen und konstruktiv nutzen⟫, München: Goldmann, 2015.

Shari Klein, Neill Gibson, ⟪Was macht dich wütend? 10 Schritte zur Transformation von Ärger, durch die alle gewinnen können⟫, Paderborn: Junfermann, 2004.

Stephen Batchelor, ⟪Mit dem Bösen leben. Warum wir das Gute wollen und immer wieder Bösen tum⟫, Berlin: Theseus, 2004.

Udo Baer, Gabriele Frick-Baer, ⟪Das ABC der Gefüble⟫, Weinheim: Beltz, 2009.

Éliane Whitehouse, Warwick Pudney, ⟪Wut: Ein Vulkan in meinem Bauch⟫, Berlin: Cornelsen, 2002.

| 주 |

1. 실제로는 배우자를 폭행하는 여성의 수가 통계에 나타난 것보다 훨씬 많다. 여성의 폭행을 공개하거나 인정하는 일이 광범위하게 금기시되는 이유는 이것이 남성에게는 수치심 및 상처와 직결되기 때문이다. 반대로 배우자에게 폭행당한 여성은 용기를 내어 이를 밝혔을 때 대중의 지지를 받기가 한결 수월하다. 대도시에 있는 수많은 여성기관이 이를 증명한다.

2. Jochen Metzger, 〈Voller Wut〉, 《Psychologie heute》, 2017년 3월.

3. Jochen Metzger, 같은 책, p. 37.

4. Margarete Mitscherlich, 《Die friedfertige Frau. Eine psycho analytische Untersuchung zur Aggression der Geschlechter》, Frankfurt/M.: Fischer, 1987. 심리분석가 마가레테 미첼리히는 1985년에 처음 출간된 이 저서에서 '평화주의적인 여성'이라는 고루한 편견을 제치고, 여성의 순응과 복종을 유도하기 위한 가부장적인 구조 및 남성 지배사회의 도구로서 이를 폭로한 바 있다.

5. Frauke Kohler, 《Gewalt, Aggression und Weiblichkeit》, Hamburg: Dr. Kovac Verlag, 2007.

6. Ute Ehrhardt, 《Gute Mädchen kommen in den Himmel, böse überall hin. Warum Bravsein uns nicht weiterbringt》, Frankfrut/M.: Fischer, 2000.

7. Bascha Mika, 《Die Feigheit der Frauen. Rollenfallen und Geiselmentalität》, München: Goldmann, 2012, p. 123.

8. Bascha Mika, 같은 책, p. 24.

9. Almut Schnerring, Sascha Verlan, 《Die Rosa-Hellblau-Falle》,

München: Kunstmann, 2014. 두 저자는 광고에 만연한 여아와 남아의 역할 클리셰에 맞서라고 부모에게 촉구한다.

10. https://www.sueddeutsche.de/gesundheit/geschlechterforschung-die-verflixte-macht-der-geschlechterrollen-1.3674689

11. Bascha Mika, 앞의 책. p. 97.

12. Jesper Juul, 《Aggression. Warum sie für uns und unsere Kinder notwendig ist》, Frankfurt/M.: Fischer, 2014, pp. 115~119.

13. Jesper Juul, 같은 책, p. 116.

14. Jesper Juul, 같은 책, p. 116.

15. Jesper Juul, 같은 책, p. 116f.

16. Jesper Juul, 같은 책, p. 117.

17. Jesper Juul, 같은 책, p. 118.

18. Bascha Mika, 앞의 책. p. 60.

19. Bascha Mika, 앞의 책. p. 80.

20. Bascha Mika, 앞의 책. p. 57f.

21. Verena Kast, 《Vater-Töchter, Mutter-Söhne. Wege zur eigenen Identittät aus Vater-und Mutterkomplexen》, Stuttgart: Kreuz, 1994. 베레나 카스트는 부분 분리, 즉 부모 중 성별이 같은 쪽으로부터의 분리만 이뤄질 때의 아버지-딸, 어머니-아들 관계에 관해 언급했다.

22. 한 의뢰인의 개인 기록에서 발췌.

23. Joachim Bauer, 《Schmerzgrenze. Vom Ursprung alltäglicher und globaler Gewalt》, München: Heyne, 2013, p. 107.

24. Ian Stewart, Vann Joines, 《Die Transaktionsanalyse》, Freiburg: Herder, 1990.

25. Fanita English, 《Transaktionsanalyse. Gefühle und Ersatzgefühle in

Beziehungen》, Salzhausen: Iskopress, 1998. 《Es ging doch gut-was ging denn schief? Be-ziehungen in Partnerschaft, Familie und Beruf》, Gütersloh: Gütersloher Verlagshaus, 8판, 2000.

26. Jesper Juul, 앞의 책, p. 41f.

27. Joachim Bauer, 《Schmerzgrenze. Vom Ursprung alltäglicher und globaler Gewalt》, München: Heyne, 2013, p. 32.

28. 다음을 참고하라. Erhard Doubrawa, Stefan Blankertz, 《Einladung zur Gestalttherapie》, Wuppertal: Peter Hammer, 2002.

29. Joachim Bauer, 《Warum ich fühle, was du fühlst. Intuitive Kommunikation und das Geheimnis der Spiegelneuronen》, Hamburg: Hoffmann und Campe, 2006. 요아힘 바우어는 프라이부르크대학교에서 신경생물학 교수로 재직했다.

30. Joachim Bauer, 같은 책, p. 61.

31. Verena Kast, 《Vom Sinn des Ärgers. Anreiz zur Selbstbehauptung und Selbstentfaltung》, Stuttgart: Kreuz, 1998.

32. Jesper Juul, 앞의 책, p. 35.

33. Joachim Bauer, 앞의 책, p. 100.

34. Joachim Bauer, 앞의 책, p. 67.

35. Almut Schmale-Riedel, 《Der unbewusste Lebensplan. Das Skript in der Transaktionsanalyse》, München: Kösel, 2016, p. 176f.

36. Almut Schmale-Riedel, 같은 책, p. 181f.

37. Joachim Bauer, 앞의 책, 그의 저서 《나는 왜 당신이 느끼는 것을 느끼는가》에는 거울신경세포의 도움으로 상대방의 감정에 공감할 수 있는 인간 능력이 생생히 서술돼 있다.

38. Fanita English, 《Transaktionsanalyse. Gefühle und Ersatzgefühle in

Beziehungen》. 미국의 심리분석가 파니타 잉글리시는 아동 혹은 성인이 당면한 상황이나 직접적인 원인에 적절히 맞아떨어지지 않는 감정을 체험하고 표현하는 것을 가리켜 '대체감정'이라는 표현을 썼다. 심층심리학에서는 같은 맥락에서 '은폐용 감정'이라는 표현을 사용한다. 사람들이 꺼리거나 금기시하는 원래의 감정을 은폐하기 위한 감정이라는 뜻이다.

39. Fanita English, 같은 책.

40. Joachim Bauer, 앞의 책, p.79.

41. Joachim Bauer, 앞의 책, p.78.

42. Eric Berne, 《Spiele der Erwachsenen. Psychologie der menschlichen Beziehungen》, Reinbek bei Hamburg: Rowohlt, 1975.

43. Portia Nelson, 〈Autobiographie in 5 Kapiteln〉. Ian Stewart, Vann Joines, 《Die Transaktionsanalyse》, Freiburg: Herder, 1990, p. 385에서 재인용. 〈다섯 장의 자서전〉의 독일어 역은 헤르더 출판사의 너그러운 허락을 받아 인용하였다.

44. Uwe Gieler, 《Die Sprache der Haut. Das Wechselspiel von Körper und Seele》, Düsseldorf: Patmos, 2017.

45. Uwe Gieler, 같은 책, p. 133f.

46. Verena Kast, 앞의 책, p.76.

47. Joachim Bauer, 앞의 책, p.65.

48. Jesper Juul, 앞의 책, p. 129.

49. ICD-10(International Statistical Classification of Diseases, 국제질병분류)의 정신장애 분류에 따르면 울분장애는 장기간에 걸쳐 심한 정신적 스트레스와 반복적인 상심을 경험한 뒤 나타날 수 있는 정신질병으로, 치료를 받지 않으면 인격의 한 부분으로 굳어져 항구적 변화를 초래할

수 있다.

50. 드라마 삼각형 이론은 교류분석가 스티븐 카프먼(Stephen Karpman)이 고안했다. Ian Stewart, Vann Joines, 앞의 책, p. 338ff도 함께 참조하라.

51. Bascha Mika, 앞의 책, p. 116.

52. Bascha Mika, 앞의 책, p. 245.

53. 드라이버에 관한 구상안은 타이비 칼러(Taibi Kahler)가 만들었으며, 특히 '제대로 하라', '서둘러라', '강해져라', '힘써라', '완벽해라'라는 지침이 전형적으로 꼽힌다. Ian Stewart, Vann Joines, 앞의 책도 더불어 참조하라.

54. Udo Baer, Gabriele Frick-Baer, 《Der kleine Ärger und die große Wut》, Weinheim: Beltz, 2009.

55. Ulrich Dehner, 《Die alltäglichen Spielchen im Büro. Wie Sie gehen》, Frankfurt: Campus, 2001. 심리학적 의미의 '게임'이라는 개념은 교류분석에서 나왔다. 교류분석의 창시자 에릭 번은 게임을 '특정한 패턴에 따라 진행되고 예측 가능한 결과를 낳는 상호작용의 연속'으로 정의했다. 전형적인 패턴은 번의 베스트셀러 《심리게임(Games People Play)》에 정리돼 있다.

56. Anke Domscheit-Berg, 《Ein bisschen gleich ist nicht genug. Warum wir von der Geschlechtergerechtigkeit noch weit entfernt sind》, München: Heyne, 2015.

57. Elisabeth Welzig, 《Durch die gläserne Decke: Frauen in Männerdomänen》, Köln/Wien: Böhlau, 2011.

58. Kristi Lewis, 〈When leaders display emotion: how followers respond to negative emotional expression of male and female leaders〉, 《Journal of Organizational Behaviour》, 21, 2000, pp. 221~234.

59. Eric Berne, 앞의 책.

60. Arun Gandhi, 《Wut ist ein Geschenk. Das Vermächtnis meines Großvaters Mabatma Gandhi》, Köln: Dumont, 2017, p. 21f.

61. Arun Gandhi, 같은 책, p. 20.

62. Claude Steiner, 《Emotionale Kompetenz》, München: Hanser, 1977, p. 20.

63. Claude Steiner, 같은 책, p. 62.

64. Diana Beata Balkhausen, 《Ärger, Wut und Ohnmacht》, Offenburg: Holotropos, 2009, p. 55.

65. Diana Beata Balkhausen, 같은 책, p. 55.

66. Thích Nhát Hạnh, 《Umarme deine Wut》, Bielefeld: Theseus, 2015.

67. Thích Nhát Hạnh, 같은 책, p. 75.

68. Arun Gandhi, 앞의 책, p. 193.

69. 마셜 B. 로젠버그는 비폭력대화를 제창하고 가르친 장본인이다. 다음 도서를 참고하라. Marshall B. Rosenberg, 《Was deine Wut dir sagen will. Über-raschende Einsichten》, Paderborn: Junfermann, 2013.

70. Jesper Juul, 앞의 책, p. 68.

71. 율리아의 일기장에서 발췌. 이름은 가명이다.

72. Arun Gandhi, 앞의 책, p. 32.

※ 126~128페이지의 〈다섯 장의 자서전〉은 사이먼앤슈스터의 사용 승인을 받아 수록하였습니다.

우울한 게 아니라 화가 났을 뿐

내 감정을 직시하고 제대로 표현하기 위한 심리 수업

1판 1쇄 발행 2019년 5월 24일
1판 3쇄 발행 2019년 6월 21일

지은이 알무트 슈말레-리델
옮긴이 이지혜
발행인 유성권

편집장 양선우
기획·책임편집 신혜진 **편집** 윤경선 백주영
해외저작권 정지현 **디자인** 이정현 **제작** 장재균
마케팅 김선우 박희준 김민석 박혜민

펴낸곳 ㈜이퍼블릭
출판등록 1970년 7월 28일, 제1-170호
주소 서울시 양천구 목동서로 211 범문빌딩 (07995)
대표전화 02-2653-5131 | **팩스** 02-2653-2455
메일 tiramisu@epublic.co.kr
인스타그램 instagram.com/tiramisu_thebook
포스트 post.naver.com/tiramisu_thebook

이 도서의 국립중앙도서관 출판예정도서목록(CIP)은 서지정보유통지원시스템 홈페이지(http://seoji.nl.go.kr)와 국가자료공동목록시스템(http://www.nl.go.kr/kolisnet)에서 이용하실 수 있습니다. (CIP2019015290)

editor's letter

누구든 이해해주는 사람, 좋은 사람, 상냥한 사람이 돼서 뭐하게요.
이젠 스스로를 이해하고 옹호하는 데 더 많은 에너지를 써야겠습니다.
나도, 당신도.